blue notes
110

Als Inbegriff von Schönheit und Unnahbarkeit wurde Lee Miller vor der Kamera von Edward Steichen zur Ikone des American Jazz Age. Die Begegnung mit Man Ray und dem Surrealismus ließ sie zur Fotografin werden. Porträt, Mode, Akt, surreale Kompositionen – eine Befreiung. Lee eröffnete ein Studio in New York, heiratete, reiste und freundete sich mit Pablo Picasso, Dora Maar, Nusch und Paul Éluard sowie Eileen Agar an. Nach Beginn des Zweiten Weltkriegs arbeitete Lee Miller für die *Vogue*, bannte die Luftangriffe auf London in symbolträchtige Bilder und ging 1944 als Kriegsberichterstatterin nach Frankreich. Das Kriegsende erlebte sie in Deutschland. Tief getroffen von diesen Erlebnissen, zog sie sich ins Privatleben als Ehefrau und Mutter zwischen Kunst, Fotografie und Haute Cuisine zurück. Ihr Werk wollte sie am liebsten vergessen. Heute zählt sie zu den bedeutendsten Fotografinnen des 20. Jahrhunderts. Gabriele Katz schreibt über die Faszination der Fotografie und eine Frau – leidenschaftlich, vital, humorvoll, neugierig, selbstbewusst, kämpferisch.

Wir können aus rechtlichen Gründen keine Fotos aus den Beständen des Lee-Miller-Archive, East Sussex zeigen.

Gabriele Katz studierte Kunstgeschichte, Geschichte und Germanistik in Tübingen und Berlin, promovierte in Kunstgeschichte und lebt heute als freie Autorin in der Nähe von Stuttgart. Zuletzt bei ebersbach & simon erschienen: *Künstlerinnen und ihre Häuser* (2020) sowie *Fantastische Künstlerinnen. Von Frida Kahlo bis Unica Zürn* (2022).

Gabriele Katz

Lee Miller
Die Macht der Bilder

ebersbach & simon

Inhalt

Prolog

Fotografiert werden oder selbst fotografieren, für ein schönes Bild posieren oder eigenständig ein Bild gestalten – um diese Alternative drehte sich Lee Millers Leben. Edward Steichen setzte die schöne junge Frau für die amerikanische *Vogue* als smarte Modeikone des Jazz-Age in New York in Szene. Man Rays künstlerische Fantasie machte sie in Paris zu »la femme surréaliste«. Doch weit davon entfernt, sich mit diesen Rollen zu begnügen oder eine Trophäe sein zu wollen, wurde sie selbst Porträtfotografin, Modefotografin, Schöpferin surrealer Bildwelten, Darstellerin von Seelenlandschaften und hatte auf ihren Reisen als Straßenfotografin das untrügliche Gespür für den richtigen Moment. Im Zweiten Weltkrieg schritt Lee Miller als Chronistin der Zerstörung mit ihrer Kamera durch die Trümmer Londons und ließ für die britische *Vogue* auf ihren Bildern Mode als Geste des Durchhaltewillens erscheinen. Als akkreditierte Kriegsberichterstatterin fotografierte sie ab Sommer 1944 an der Front, im befreiten Paris und im Elsass. In Deutschland zeigte sie im Frühjahr 1945 das Ausmaß der Zerstörung und ging nah und direkt an die Menschen heran. Die Aufnahmen aus den Konzentrationslagern Buchenwald und Dachau ziehen dem Betrachter den Boden unter den Füßen weg.

Ungläubig angesichts der Tatsache, dass alle anderen wieder zur Tagesordnung übergehen wollten und konnten, suchte Lee Miller nach Kriegsende einen neuen Platz in der Welt. Sie wollte ihn zweifellos hinter der Kamera einnehmen, fand ihn dann aber im Süden von Sussex an der Seite des surrealistischen Künstlers Roland Penrose. Sie bekam einen Sohn, baute in Gutshaus und Garten mit an einer Künstleridylle, die ihre Vergangenheit und die vielen schrecklichen Bilder in ihrem Kopf verdrängte, machte Modefotos, Porträts befreundeter Künstler und zog sich immer weiter in sich selbst zurück, bis sie das Kochen als neue Herausforderung annahm.

Das makellose Gesicht, der perfekte Körper, die Aura der Unnahbarkeit, selbst wenn sie nackt war – Lee Miller bot die perfekte Projektionsfläche für Fantasie und Idealisierung. Ihr Leben dagegen war voller Brüche und Kehrtwendungen, auch weil sie keine Konventionen gelten lassen wollte und mit ihren Ambitionen immer wieder an Grenzen stieß: mutig, kraftvoll, leidenschaftlich, humorvoll, vital, eigenständig, kreativ, charismatisch, ohne Allüren, immer bereit, zu neuen Ufern aufzubrechen.

Nach ihrem Tod fanden der Sohn Antony Penrose und seine Frau Kisten und Kartons in den verschiedensten Ecken des Gutshauses, öffneten sie und hielten das Leben Lee Millers in Bildern und Dokumenten in Händen. Später kam das bei der britischen *Vogue* in London archivierte Material hinzu. Lee Millers Nachlass umfasst heute ca. 60 000 Negative, Papierabzüge, Dokumente, Zeitschriften, Kameras, Briefe und Souvenirs.

Antony Penrose begann in Vorträgen und Publikationen das Leben seiner Mutter zu erzählen und ihre fotografische Arbeit ins rechte Licht zu rücken. 1985 veröffentlichte er die erste Biografie unter dem Titel *The Lives of Lee Miller*. Der Autorin Carolyn Burke, die Lee Miller noch persönlich kennengelernt hatte, gewährte er für ihre Biografie *Lee Miller. A Life* (2005) Zugang zu den Quellen. Katharina Menzel-Ahr hat 2005 Lee Millers Tätigkeit als Kriegskorrespondentin für die *Vogue* in ihrer Dissertation wissenschaftlich aufgearbeitet. 2020 stellte die britische Regisseurin Teresa Griffiths ihren Dokumentarfilm *Capturing Lee Miller* vor.

Zahlreiche Ausstellungen, zum Beispiel im Victoria and Albert Museum London, Philadelphia Museum of Art, Museo de Arte Moderno, Mexiko-Stadt, Imperial War Museum, London, Dalí Museum St. Petersburg, Florida, und in den National Galleries of Scotland, Edinburgh, widmeten sich Lee Millers vielseitigem Werk. 2022 beleuchtete die Newlands House Gallery in Petworth, West Sussex, ihre Beziehung zu Picasso. Die Präsentation ihrer Werke gemeinsam mit denen von Man Ray im Palazzo Franchetti, Venedig, gezeigt vom 5. November 2022 bis zum 10. April 2023, nannte ihren Namen an erster Stelle. Von Juni bis September 2023 präsentierte das Bucerius Kunstforum Hamburg die Fotografin »zwischen Krieg und Glamour«.

Farley Farm, das Heim der Familie in East Sussex, ist heute Archiv und Museum, und Lee Miller wird zu den wichtigsten Fotografinnen des 20. Jahrhunderts gezählt. Jetzt ist sie da, die Macht ihrer Bilder.

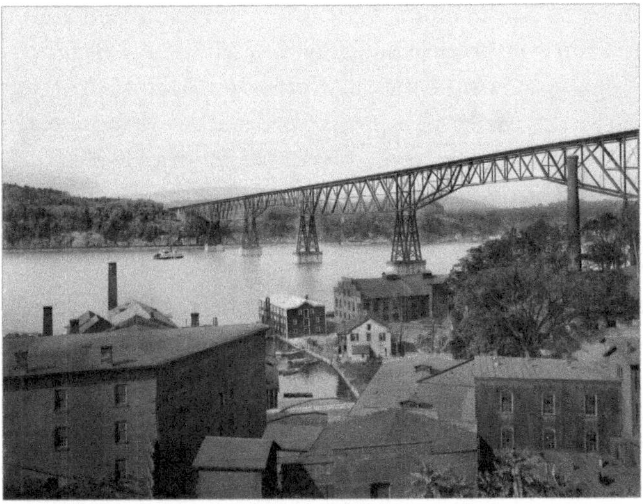

Lee Millers Geburtsstadt Poughkeepsie im Norden des Bundesstaats New York am Ostufer des Hudson Rivers

Tochter vieler Väter

Überschattete Kindheit und Jugend Poughkeepsie, New York, 1907–1924

Elizabeth Miller wurde am 23. April 1907 in Poughkeepsie im Bundesstaat New York geboren. Wie viele Babys hatte sie große blaue Augen, die noch nichts fokussieren konnten. Als sich das ein paar Wochen später änderte, erblickte sie ihre Mutter, eine zarte Frau mit dunkelblondem Haar und feinen, etwas verzagten Zügen. Häufig aber wurde dieses Gesicht von einem männlichen, energischen verdrängt, das den Säugling ganz genau und voller Stolz betrachtete. Der Vater, ein passionierter Amateurfotograf, erkannte die Ähnlichkeit zwischen sich und seiner Tochter vermutlich früh: die klaren Augen, der schön geschnittene Mund, das blonde Haar, im Laufe der Jahre die hohe Gestalt – er sah darin Merkmale seiner deutschen Vorfahren, von denen einer als Soldat der Befreiungskriege ins Land gekommen war. Sie wurde sein Lieblingskind, das er häufig ins Bild setzte, wie zum Beispiel mit acht Monaten im Kindersitz auf der Toilette.

Theodore Miller hatte mit 28 Jahren zu fotografieren begonnen, als 1900 die Boxkamera Kodak Brownie zum Preis von einem Dollar auf den Markt kam. Die Herstellung eines erschwinglichen, leicht zu handhabenden Fotoapparats wertete das private

Leben vieler Menschen in bisher unvorstellbarem Maße auf. Statt sich bei den wichtigsten Ereignissen in die guten Kleider zu zwängen und sich der starren Studiokamera eines Fotografen vor den immer gleichen gemalten Hintergründen und bürgerlichen Kulissen zu stellen, konnte damit jeder seine Familie, seine Reisen dokumentieren – manche fotografierten auch sich selbst. Wo früher nur Geschichten zu erzählen gewesen waren, hatte man nun Gesichter, Städte und Landschaften vor Augen.

Der technikbegeisterte Theodore Miller, der zu dieser Zeit bei einem Werkzeughersteller in Utica, New York, arbeitete, wählte zunächst Industrieanlagen, Straßen, Eisenbahnbrücken, Schiffe und Lokomotiven als Motive. Doch auch er sollte bald Personen fotografieren, denn er lernte bei der Nachsorge einer Typhusinfektion die neun Jahre jüngere kanadische Krankenschwester Florence MacDonald kennen, verwaiste Tochter irisch-schottischer Siedler aus Ontario, und verlobte sich mit ihr. Sein nächster Karriereschritt führte ihn zum schwedischen Zentrifugenhersteller DeLaval in Poughkeepsie, New York. 1904 stand der Hochzeit mit Florence nichts mehr im Wege. Im darauffolgenden Jahr kam John auf die Welt. Nachdem Theodore zum Personalchef aufgestiegen war, zog die Familie, zu der inzwischen nicht nur Elizabeth, sondern auch der 1910 geborene Erik gehörte, auf eine Farm außerhalb der Stadt.

Im Jahr 1912 posierten Theodore und Florence Miller mit ihrem Nachwuchs im Studio eines Fotografen. Die Kinder sitzen auf einer Bank, Elizabeth im weißen Kleidchen und in Spangenschuhen mit einem aufgeschlagenen Buch in den Händen zwischen ihren Brüdern, das kurze blonde Haar mit einer weißen Schleife geschmückt. Dahinter die stolzen Eltern: Theodore im schwarzen Anzug, die rechte Hand auf die Schulter seines ältesten Sohnes gelegt, der auch bereits ein weißes Hemd und Krawatte trägt. Der kleine Erik, noch im Kinderkleidchen, stützt sich vertrauensvoll auf seine Schwester. Hinter ihm steht seine Mutter im würdigen Atlaskleid. Alles signalisiert: »Wir sind angekommen.«

Im Gegensatz zu dem steifen Atelier bot die Farm den Kindern jeden Tag Freiraum für Abenteuer. So bauten sie aus Holz eine Lokomotive, mit der sie auf einem Schienenstrang ins Tal hinabsausten. Theodore Miller setzte diese wilde Spielfreude 1913 ins Bild. Elizabeth steht mit kinnlangen blonden Haaren, in Hosen, die Arme vor dem Körper verschränkt, zwischen ihren Brüdern, im Vordergrund die Lokomotive. Angeregt durch ihren Vater, interessierte auch sie sich für Technik und besaß – sehr außergewöhnlich für ein Mädchen ihrer Zeit – einen Chemiebaukasten. Florence dagegen ließ sich mit Elizabeth, wieder im weißen Kleidchen, Wange an Wange beim Fotografen ablichten, ein viktorianisches Idyll von Weiblichkeit, das immer auch Hilflosigkeit und Schutzbedürftigkeit suggerierte.

Das bekam Risse, als die Siebenjährige sich 1914 bei einer befreundeten Familie in Brooklyn aufhielt, während ihre Mutter sich von einer Krankheit erholte.

Elizabeth wurde dort von einem erwachsenen Mann missbraucht und mit einer Geschlechtskrankheit infiziert. Für sie muss eine Welt zusammengebrochen sein. Kindliche Schuldgefühle mögen sich sogar gegen sie selbst gerichtet haben. Die Heilung dauerte Jahre. In der Familie wurde über das Ereignis geschwiegen, und Lee Miller selbst hat es ihr ganzes Leben ebenfalls so gehalten. Erst nach ihrem Tod sollte ihr Sohn von Zeitzeugen darüber informiert werden.

Carolyn Burke zeigt in ihrem Buch ein Aktfoto von Elizabeth, wenige Wochen vor ihrem achten Geburtstag aufgenommen von ihrem Vater. Die Kleine steht verloren in Hauspantoffeln im Schnee. An einem Ast links im Bild hängt ihr Morgenmantel. Sie ist unsicher und friert. Ihr Blick zeigt, sie vertraut dem Fotografen, trotz der Situation, in die er sie gebracht hat. Sie hat keine Wahl. Heute erscheint das Foto als klare Grenzüberschreitung gegenüber einem Mädchen, das bereits die größtmögliche Grenzüberschreitung erlitten hatte. Theodore Miller, der von seiner Tochter bis kurz vor ihrer Hochzeit im Jahr 1934 Aktfotos anfertigen sollte, nannte es Kunst. Dieser klassischen Abspaltung stand zunächst ein Kind in seiner Hilflosigkeit gegenüber, später eine junge Frau mit dem Recht auf Privatsphäre.

Lee Miller erfuhr also sehr früh: Fotografiert zu werden kann bedeuten, stummes Objekt für einen anderen zu sein. Wie sollte sie damit umgehen? Wehren konnte sie sich nicht, aber sie konnte den anderen bezaubern, ihn mit ihrer Schönheit unterwerfen und so vielleicht die Situation beherrschen. Ein paar Jahre später trägt sie im Studio eines Fotografen ein schulterfreies Kleid, die Haare sind zu langen Locken gedreht und mit einem Stirnband geschmückt. Ihr Blick ist viel zu erwachsen für ihr Alter. Der einzige Ort, an dem sie die an sie gestellten Erwartungen verweigerte, war die Schule, wo sie durch schlechte Leistungen, renitentes Verhalten und übermütige Streiche auffiel.

Währenddessen brach in Europa der Erste Weltkrieg aus, und Gabrielle Chanel befreite die Frauen: Röcke zeigten die Knöchel, lockere Oberteile umspielten die Taille, Mäntel fielen gerade. 1916 veröffentlichte das amerikanische Magazin *Harper's Bazaar* das erste Modell der französischen Modeschöpferin: ein Kleid aus der Biarritz-Kollektion, ohne Rüschen oder Volants, eine Ansammlung von Negationen mit der Überschrift *The Charming Chemise Dress.* Dazu ein breitrandiger Hut mit kleinem Kopf. Diese Mode beendete in den USA die Ära des »Gibson Girl«, einer eleganten, selbstbewussten, dem Müßiggang gewidmeten jungen Dame der Oberschicht, benannt nach ihrem Erfinder, dem Zeichner Charles Gibson. Schluss mit auf dem Kopf aufgetürmten Haaren, Korsett und betontem Dekolleté.

Am 6. April 1917 traten die Vereinigten Staaten in den Krieg ein, der im Herbst 1918 endete. Eine weltweite Katastrophe, bei der rund 70 Millionen Männer unter Waffen gestanden hatten. Viele, die verwundet oder unbeschadet überlebt hatten, fanden ihren Platz im Leben nicht mehr und sahen keine Perspektive, denn sie besaßen weder Träume noch Hoffnungen, in keinem der beteiligten Länder, auch nicht in den siegreichen USA. Dagegen half kein Prohibitionsgesetz, das im Januar 1919 auf Druck der Evangelikalen, Republikaner und der Frauenbewegung in die Verfassung aufgenommen wurde und die Herstellung, den Vertrieb sowie den Konsum von Alkohol unter Strafe stellte. Im Gegenteil: Tausende illegaler »Flüsterkneipen« schossen aus dem Boden, und die Respektlosigkeit gegenüber jeglicher Autorität wurde schick. Junge Frauen, bald »Flapper Girls« genannt, trugen kurze Kleider ohne Taille, den Gürtel auf der Hüfte, einen kleinen Hut tief in die Stirn gezogen, schminkten sich dunkle Augen und rote Lippen zu ihrem Herrenhaarschnitt, tranken und tanzten. Jazz, das Zeitalter wird nach dieser Musik benannt werden. Clara Bow, Louise Brooks und Colleen Moore verkörperten die jungen Wilden auf der Leinwand. Und der 1896 in Minnesota geborene F. Scott Fitzgerald setzte sich an den Schreibtisch, um die Situation seiner Generation zu reflektieren: *Diesseits vom Paradies* wurde im März 1920 veröffentlicht.

Ein Familienfoto zeigt die 16-jährige Elizabeth Miller im Art-déco-Kleid und mit Wellen in den blonden Haaren ganz im Flapper-Stil von Zelda Fitzgerald, die mit ihrem Ehemann inzwischen in New York seinen sensationellen Erfolg als Autor feierte, indem sie in Brunnen sprang und auf Autodächer kletterte. Die auf Provokation und Skandal ausgerichtete Lebensführung dieses jungen gut aussehenden und charismatischen Paares versetzte eine ganze Generation in Aufruhr. Auch Elizabeth wollte weg, lernte auf dem College Französisch, las französische Romane, sah vielleicht Charlie Chaplins *A Woman of Paris* und träumte sich in die pulsierende Welthauptstadt der Kunst und Liebe, die nicht nur ihr, sondern vielen jungen Amerikanern als Symbol von Freiheit, Aufbruch und Neuanfang galt.

Erstaunlicherweise gestatteten die Eltern ihrer 18-jährigen Tochter in Begleitung einer Französischlehrerin und deren Freundin diese Reise. Am 30. Mai 1925 brachten sie Elizabeth nach New York, wo sie an Bord der *SS Minehaha* ging. Ihr Vater fotografierte sie zum Abschied im eleganten hellen Mantel und mit dunkler Kappe – bereit für die große Reise und gespannt auf das vor ihr liegende Abenteuer.

Eine Amerikanerin in Paris
1925

Ausstellungen, musikalische Uraufführungen, Theaterpremieren – als Elizabeth Miller im Juni 1925 in Paris ankam, atmete die ganze Stadt Kunst. Das Licht und die Schatten der Gebäude auf den Straßen sprachen von der Malerei, von der Fotografie. Auf dem Montmartre drängten sich die Touristen, Montparnasse mit dem Café de la Rotonde gehörte noch den Künstlern, während im Les Deux Magots in Saint-Germain-des-Prés seit 1885 zwei chinesische Sitzfiguren über die Schriftsteller wachten. André Breton hatte es 1922 zum Treffpunkt erwählt, nachdem ein Streit mit Tristan Tzara in La Closerie des Lilas das

Ende von Dada und die Geburt des Surrealismus besiegelt hatte. Überall redete man sich bei Rotwein und einem einfachen Essen die Köpfe heiß. In den Hinterzimmern wurde das Absinth-Ritual mit Wasser über Würfelzucker in einem perforierten Löffel zelebriert, Kokain durch silberne Röhrchen geschnupft, Opium in schmalen Pfeifen geraucht. Der Künstler, der sich Exzessen hingab, war längst ein Klischee geworden, das jedoch munter weiter bedient wurde. Keine Ehe, keine Treue, keine Pflicht und keine Kinder. Die jungen, androgyn wirkenden Frauen sahen das genauso. Käufliche Damen mit üppigen Kurven standen für die Erotik der Jahrhundertwende.

Einige der Amerikanerinnen und Amerikaner, die sich in Paris niedergelassen hatten, begnügten sich nicht mit der Rolle der Zuschauer und Bewunderer der Bohème. Sylvia Beach, Tochter eines presbyterianischen Pfarrers aus Baltimore, hatte 1919 mit Shakespeare and Company die erste englischsprachige Buchhandlung eröffnet, ab 1921 vis-à-vis der französischen Buchhandlung ihrer Lebensgefährtin Adrienne Monnier an der Rive Gauche. Peggy Guggenheim war 1921 in Begleitung ihrer Mutter aus New York gekommen und hatte den Pariser Bildhauer Laurence Vail geheiratet. Er machte sie mit der Journalistin Djuna Barnes und mit Mary Reynolds bekannt. Letztere sollte in ein paar Jahren Werke von Breton, Cocteau und Dalí in wunderbare Einbände hüllen.

Zu den amerikanischen Schriftstellern, die am Ersten Weltkrieg teilnahmen, später als Auslandsamerikaner in Paris lebten und die Gertrude Stein eine »verlorene

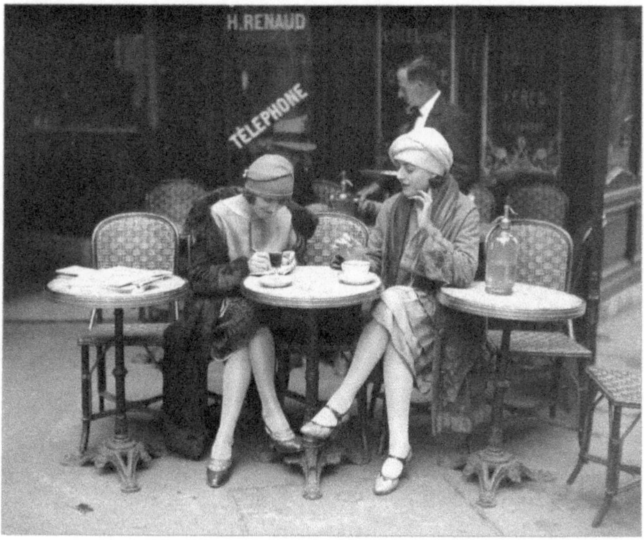

Zwei junge Frauen feierten 1925 die Mode in einem Pariser Straßencafé

Generation« nannte, gehörten John Dos Passos sowie Ernest Hemingway, seit Dezember 1921 mit seiner Frau Hadley in der Stadt an der Seine.

Man Ray war ein paar Monate zuvor nicht vor traumatischen Kriegserlebnissen nach Paris geflohen, sondern vor dem Desinteresse der Amerikaner gegenüber dem, was er der Kunstwelt an Revolutionärem zu bieten hatte: Gemälde, eine verpackte und verschnürte Nähmaschine, einen Sahneschläger, den er zum Inbegriff des Weiblichen erklärte, Fotos des als Rrose Sélavy in Frauenkleider gehüllten Marcel Duchamp, den Text *New York Dada.* 1890 als Emmanuel Radnitzky und ältester Sohn russisch-jüdischer Einwanderer in Philadelphia geboren, hatte er ein Stipendium für ein Architekturstudium ausgeschlagen, sich stattdessen der Kunst gewidmet und 1913 die berühmte *Armory Show* in New York besucht, wo er mit den Arbeiten von Francis Picabia und Marcel Duchamp in Berührung kam. Ein Eindruck, der sein Leben veränderte: Er zog in eine Künstlerkolonie und heiratete die belgische Dichterin Adon Lacroix.

In Paris stieß der rebellische Amerikaner mit seinem Kunstverständnis auf das begeisterte Interesse von André Breton, Paul Éluard und Max Ernst und hatte bald seine erste eigene Ausstellung. Der Komponist Eric Satie inspirierte ihn zu einem Bügeleisen mit Nägeln auf der Unterseite, welches er sinnigerweise *Geschenk* nannte. Um sich zu finanzieren, fotografierte Man Ray Pablo Picasso in Weste, Krawatte und Strickjacke vor seinen Bildern, Ernest Hemingway mit Filzhütchen auf dem bandagierten Kopf oder

Gertrude Steins weißen Königspudel Basket. Das verwackelte Auge der Marchesa Luisa Casati machte ihn 1922 auch in aristokratischen Kreisen salonfähig. Die Couturiers Paul Poiret und Lucien Lelong beauftragten ihn mit Modefotos. In seinem zur Dunkelkammer umfunktionierten Hotelbadezimmer experimentierte Man Ray mit Licht und Schatten, mit verschiedenen Verschlusszeiten und unterschiedlichen Entwicklungstechniken, legte Gegenstände auf unentwickeltes Papier, belichtete sie ohne Film und nannte das selbstbewusst »Rayografie«, machte sich also auf den Weg, die Fotografie zur Avantgardekunst zu erheben. *Vanity Fair* gehörte zu den ersten Magazinen, die diese Arbeiten druckten. Der Gruppe der Surrealisten, denen Breton 1924 ihr erstes Manifest gegeben hatte, angehören sollte er nie, aber er etablierte sich in einem Atelier in der Rue Campagne Première 31 in Montparnasse. Der vielen kommerziellen Aufträge überdrüssig, stellte er 1925 die amerikanische Fotografin Berenice Abbott als Assistentin ein und wandte sich Pinsel und Staffelei zu.

Auch Scott Fitzgerald tanzte und trank inzwischen mit Zelda an der Riviera oder in Paris. Ob Elizabeth Miller, das Flapper Girl aus Poughkeepsie, seinen neuesten Roman *Der große Gatsby* (1925), eine Liebeserklärung an Mädchen wie sie, gekauft hat? Sie war ein Leben lang eine begeisterte Leserin, dabei reichte ihr Spektrum vom Unterhaltungsroman bis zur klassischen Literatur.

Und ob sie wohl die *Exposition internationale des arts décoratifs et industriels modernes* besucht hat?

Das elegante Paris präsentierte sich seit April 1925 in der *Internationalen Ausstellung für moderne dekorative Kunst und Kunstgewerbe* mit extravagant geschwungenen Möbeln aus dunklen Hölzern mit geometrisch gemusterten Bezügen. Kleider, knapp und sachlich, wandten sich an unsentimentale, selbstbewusste junge Frauen. Schmuck von Cartier, Kristallglas von Lalique oder Gold- und Silberwaren von Christofle gefielen wohl eher der älteren Generation. Der Erfolg des Art déco hätte jedenfalls nicht größer sein können.

Mit dem ersten öffentlichen Auftritt des Surrealismus im September 1925 in der Galerie von Pierre Loeb folgte ein ästhetischer Schock. *La peinture surréaliste* versammelte Werke von Hans Arp, Max Ernst, Giorgio de Chirico, Joan Miró, Pablo Picasso und Man Ray.

Ihrer Theaterbegeisterung seit Kinderzeiten folgte Elizabeth, als sie sich in die École pour la Technique du Théâtre in der Rue de Sèvres, geleitet von dem in Budapest geborenen László Medgyesi, einschrieb, dessen Schüler an New Yorker Theatern beachtliche Erfolge feierten. Sie wollte bei ihm Kostümbildnerei, Bühnenbild und Beleuchtung studieren. Das bedeutete allerdings nicht, sich nur mit technischen Problemen und ihren Lösungen auseinanderzusetzen, sondern zu verinnerlichen, was Theater sein konnte und sollte: die Bühne für große Gefühle. Elizabeth hatte als Kind gelernt, über schwerste emotionale Verletzungen zu schweigen, jetzt fasste sie den Mut, sich in einem Tagebuch an diese Zeit zu erinnern. Dass ihr Lehrer Gefühle auf einer leeren Bühne, auf der das Leben selbst zur Aufführung kommen sollte, mit Licht und Schatten inszenierte, wird sie nicht vergessen. Am 23. Januar 1926 erwartete Theodore Miller seine Tochter im Hafen von New York.

Gesicht einer Generation
New York, 1926–1929

Elizabeth Miller lag nach ihrem Paris-Aufenthalt einen Monat lang krank im Bett. Im April 1926 setzte sie bei ihrem Vater Tanzunterricht in New York durch und jobbte als Wäschemodel auf der Fifth Avenue. Sie konnte und wollte das freie und unbeschwerte Leben, dessen Zeugin zumindest sie in Paris gewesen war, nicht vergessen. Schließlich schrieb sie sich in der Art Students League in Manhattan für die Fächer Theaterdesign und Beleuchtung ein und bezog ein möbliertes Zimmer in einem der für die Stadt typischen Gebäude aus braunem Sandstein in der East 49th Street. Heirat schien für sie überhaupt noch kein Thema. Der für junge Frauen freiheitliche Zeitgeist unterstützte sie in ihren Ambitionen und sollte ihr eine märchenhafte Karrierechance bieten, als sie der beherzte Griff eines Männerarms davor bewahrte, in ein vorbeifahrendes Auto zu laufen. Dieser Arm gehörte Condé Nast, dem Chef eines Zeitschriftenimperiums, das seit 1909 die exklusive Modezeitschrift *Vogue* und seit 1913 das Gesellschaftsmagazin *Vanity Fair* auf den Markt brachte.

Der Retter zeigte sich fasziniert von Elizabeths

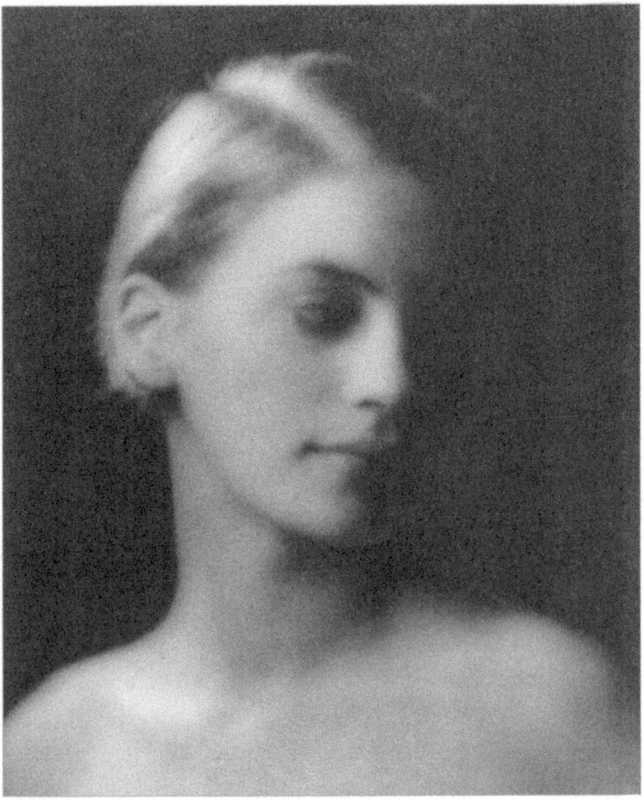

Schön wie ein Gemälde fotografierte Arnold Genthe Lee Miller 1927 in New York

Schönheit und Eleganz, schließlich verdiente er sein Geld mit dem unsterblichen Wunsch der Frauen, sich jeden Tag durch Mode und Kosmetik in ein vorteilhaftes Licht zu setzen, und bot ihr einen Vertrag als Fotomodel an. Elizabeth Miller war der Welt von Geschmack und Glamour quasi in die Arme gefallen. Sie passte perfekt dorthin: schön, groß, lässig, unaufgeregt, von selbstverständlicher Haltung. Die inzwischen kurzen, glatten Haare kämmte sie eng an den Kopf und stellte sich vor die Kamera des aus Berlin stammenden berühmten Tanz- und Porträtfotografen Arnold Genthe, geboren 1869. Er machte Aufnahmen von ihr im malerischen Stil, weichgezeichnet, entrückt, empfindsam, das klassische Dreiviertelprofil nach rechts gedreht, die grazilen Schultern nackt. Kostbar, verletzlich, androgyn, ihr Gesicht mit gesenkten Augen und geschlossenem Mund ein Versprechen. Elizabeth soll den Fotografen auch außerhalb der Porträtsitzungen in seinem Atelier besucht haben. Vielleicht interessierte sie sich wegen der deutschen Wurzeln ihres Vaters für seine Biografie.

Die ersten Modefotos für die *Vogue* nahm der 35 Jahre alte Ungar Nickolas Muray von ihr auf, der 1913 in die USA ausgewandert war, sich in New York niedergelassen und drei Jahre später begonnen hatte, für Condé Nast zu arbeiten. Er fotografierte Elizabeth im pelzbesetzten schmalen Mantel, noch mit einer etwas biederen Mittelscheitelfrisur. Sie wurden Freunde.

Ihr wichtigster Fotograf, Edward Steichen, gehörte neben Alfred Stieglitz zu den Fotopionieren der USA. Der 1879 in Luxemburg Geborene und in den USA

Aufgewachsene studierte in Paris Malerei und zeigte dort 1902 erstmals Bilder und Fotografien. Das Land Belgien erwarb von ihm das erste Foto überhaupt für ein Museum. Weitere Ausstellungen und Preise folgten. Zurück in den USA, gründete Steichen ein Fotostudio in New York und gestaltete Stieglitz' Zeitschrift *Camera Work*. Gemeinsam gründeten sie im Jahr 1905 die Galerie 291 für moderne Kunst. 1911 begann Edward Steichen Kreationen von Paul Poiret zu fotografieren und löste damit sukzessive die gezeichneten Modeillustrationen ab. Elf Jahre später bot Condé Nast ihm den Posten des Cheffotografen von *Vogue* und *Vanity Fair* an. Der bald bestbezahlte Fotograf der Welt setzte einen neuen, sachlichen Stil durch und inszenierte bis 1937 ca. 1000 Porträts und ebenso viele Modeaufnahmen für beide Zeitschriften.

Zunächst umschmeichelte er Elizabeth mit Kameraeinstellungen, die die Qualität von impressionistischen Gemälden besitzen, so lichtüberströmt, so träumerisch erscheint sie in Blümchenkleidern mit breitrandigen Glockenhüten auf dem hellen Haar. Später zeigte er sie als junge Frau in strengen Kostümen von Coco Chanel, die nicht nur die moderne Frau der Zwanzigerjahre erfunden hatte, sondern deren Credo es immer gewesen war, gute Kleidung müsse eine Uniform, eine Rüstung sein, die die Frau vor den Zumutungen des Lebens schützen konnte. Elizabeth blickt frontal aus dem Bild, nimmt eine Beziehung zum Betrachter auf und lernt, sich zu behaupten. Die Unterwürfigkeit viktorianischer Frauendarstellungen fehlt ebenso wie deren Affektiertheit. Statt eine Überraschungs- oder

Verführungssituation zu suggerieren, agierten Fotograf und Model auf Augenhöhe.

Abendkleider inszenierte Steichen mit Elizabeth im New Yorker Dreißig-Zimmer-Apartment von Condé Nast in der Park Avenue, eingerichtet mit französischen Antiquitäten. In dieser Umgebung wirkt sie wie ein Mädchen, das sich im Kleiderschrank seiner Mutter bedient hat, ein modernes Aschenputtel kurz vor dem Ball.

Zum Gesicht einer Generation wurde Elizabeth Miller am 15. März 1927 mit dem *Vogue*-Cover des Pariser Zeichners Georges Lepape. 1887 in Paris geboren, arbeitete er seit 1926 für Condé Nast in einem dem Art déco verpflichteten, ebenso mondänen wie reduzierten Stil, nachdem er viele Jahre gemeinsam mit Paul Iribe Kleider von Paul Poiret mit Tusche und Farbe umgesetzt hatte. Elizabeth gab er mit bis zu den Augenbrauen heruntergezogener blauer Cloche zu strahlend blauen Augen und trotzig aufgeworfenen Lippen wider, die Perlenkette eng um den perfekten Hals geschlungen. Sachlich, abgegrenzt, wehrhaft. Hinter ihr funkelt die Skyline von New York. Die Chefredakteurin der *Vogue*, Edna Woolman Chase, jubelte über das »modern girl«. Aus Elizabeth war Lee geworden. Einen Monat später feierte sie ihren zwanzigsten Geburtstag.

Das zweite Topmodel der *Vogue*, die vier Jahre ältere Marion Morehouse, brünett und mit eher extravaganten Gesichtszügen, stand bereits seit 1924 für Condé Nast vor der Kamera. Nun waren sie zu zweit, die eine blond, die andere dunkelhaarig, die eine klassisch schön, hell leuchtend, die andere mysteriös, verführerisch. Der Brite Cecil Beaton fotografierte sie 1929 an einer Doppelflügeltür im Apartment von Nast. Lee und Marion tragen schlichte schwarze Abendkleider mit Spaghettiträgern und einer Tüllrüsche am Saum. Die Handgelenke schmücken kostbare Armbänder. Lee blickt selbstbewusst in die Kamera, Marion schaut eher geheimnisvoll. Zwei Aspekte des Weiblichen, wer wollte sagen, welcher schöner, welcher aufregender war?

Mit dem freien Blick in die Kameralinse markierten beide nicht nur einen grundlegenden Wandel in der Modefotografie, sondern auch einen Aufbruch im Leben junger amerikanischer Frauen, hin zu einem selbstbewussten und progressiven Lebensstil: Lee Miller und Marion Morehouse, hochelegante Flapper Girls, die weder der Society entstammten noch von Film oder Theater kamen und sich daher hervorragend als Vorbilder dafür eigneten, der älteren Generation die Stirn zu bieten und das traditionelle Bild der Geschlechter und dessen verklemmte Sexualität auf den Müllhaufen der Geschichte zu verbannen. Vorbilder aber auch darin, in einem Beruf Geld zu verdienen. Bald gehörten sie zu der berühmten New Yorker Partyszene, reisten nach Paris oder London. Frauen eiferten ihnen nach, Männer entflammten für sie.

Edward Steichen, der genau wusste, dass Bildmagie unter zu großer Nähe zusammenbricht, entrückte Lee in seinen Fotos wieder, indem er sie ihr Gesicht ins Vollprofil drehen ließ, also die Beziehung zwischen Fotograf und Fotografierter lockerte. Lee Miller thront

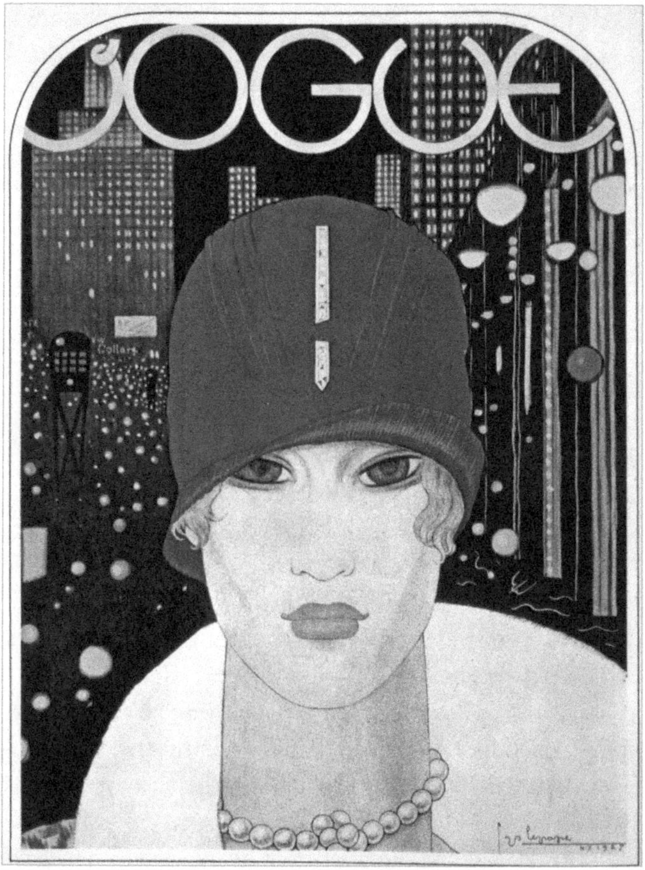

Das Gesicht einer Generation: Lee Miller auf dem Cover der amerikanischen Vogue im März 1927

nun auf seinen Bildern wie die römischen Kaiser auf ihren Münzen, abgewandt, unnahbar. Der Betrachter kann ihr huldigen, sonst nichts.

Als ihr Gesicht so bekannt geworden war, dass man es auch am kleinsten Detail identifizieren konnte, ließ Steichen sie den Hut so tief in die Stirn ziehen, dass nur noch ihre Nasenspitze sichtbar war. Doch jeder erkannte sie an der Nasenspitze und rekonstruierte ihr Gesicht aus der Erinnerung. Die Macht der Bilder!

Steichens fotografische Annäherung beeinflusste ihre Haltung auch auf den dreidimensional erscheinenden Aktbildern ihres Vaters, die er an ihren freien Wochenenden in Poughkeepsie mit seiner Stereokamera von ihr machte. Eine Aufnahme von 1928 zeigt Lee im Sitzen vor neutralem Hintergrund mit hinter dem Rücken verschränkten Armen, ihr Gesicht nach links ins Vollprofil gedreht. Sie präsentierte ihren Körper, wandte aber den Blick ab.

Antony Penrose schreibt in der Biografie seiner Mutter über seinen Großvater: »Seine geheime Leidenschaft galt der Aktdarstellung. Unzählige Male posierte Lee für ihn, im Haus und im Freien, gelassen, mit Haltung, gelegentlich ein wenig feierlich.« Unnahbarkeit und Distanz zum Betrachter à la Steichen statt der Hilflosigkeit eines kleinen nackten Mädchens. Die Botschaft an ihren Vater lautete: Du kannst zwar meinen Körper betrachten, aber über meine Gefühle wirst du nichts erfahren. 1974 erwähnte sie in einem Interview, dass vor allem Edward Steichen in ihr die Idee entzündet habe, Fotografin zu werden.

Als Model arbeitete Lee Miller mit den besten Fotografen der amerikanischen Gegenwart zusammen; es scheint daher naheliegend, dass sie sich auch für die Fotografie in Europa, insbesondere Paris, interessierte. Dort machte Man Ray seit Jahren nicht nur mit Porträts der künstlerischen Avantgarde, der Society und mit Modefotos auf sich aufmerksam, sondern auch als Schöpfer abstrakter Bildideen, die ebenfalls in amerikanischen Zeitschriften veröffentlicht wurden. Ganz gewiss war er ein Fotograf, der die Frauen liebte, nicht nur ihre körperliche Schönheit, sondern auch ihre psychische Stärke, ihre Macht über den männlichen Blick, das Begehren. Seine sich zunächst sträubende Geliebte Alice Prin überzeugte er mit dem Argument, er fotografiere so, wie er male, »verwandele das Modell, wie es ein Maler tut, könne es so veredeln oder umformen wie ein Maler auch«. 1901 im Burgund geboren und bei der Großmutter aufgewachsen, war Mans Auserwählte mit zwölf Jahren nach Paris gekommen, lebte von Gelegenheitsjobs, schlief auf der Straße, wusch sich in Cafés und sang dort französische Volkslieder. Der Maler Chaim Soutine vermittelte sie schließlich Künstlern wie Maurice Utrillo und Amedeo Modigliani als Modell. 1923 drehte sich ihr nackter Torso in Man Rays dreiminütigem Stummfilm *Le Retour à la raison* (*Rückkehr zur Vernunft*). Zunächst lebten die beiden ihre turbulente Liebesbeziehung im Wirbel der Pariser Avantgarde, doch bald brach Alice, die sich inzwischen Kiki nannte, mit allen Konventionen der Bohème, sang eigene Texte, statt passiv-stumme Künstlermuse zu bleiben, tanzte nach eigenen Choreografien und malte Bilder. Überall, wo sie auftauchte, scharten sich Verehrer um sie. *Le Violon d'Ingres*, von Man Ray 1924 aufgenommen, zeigt ihren nackten Rücken mit zwei aufgemalten Notenschlüsseln. Sie senkt den Blick. Abwendung und Hingabe. Klick. Ein magischer Moment. Ein Meisterwerk und eine Hommage an den Frauenmaler Jean-Auguste-Dominique Ingres und seine Liebe zur Geige. Der Körper der Frau als Instrument. Heute wirkt das heiter, ironisch. Von Breton im Juni 1924 in *Littérature* veröffentlicht, wurde Kikis Rücken zu einer Ikone, 2022 bei Christie's New York als teuerstes Foto aller Zeiten versteigert. Im grandios einfach inszenierten Culture Clash auf *Noire et Blanche* aus dem Jahr 1926 liegt ihr weiß geschminktes Gesicht mit den herzförmigen Lippen und lackschwarzen Haaren einer Geisha neben einer afrikanischen Maske. Man Ray hatte Kiki verwandelt, »wie es ein Maler tut«, beide Bilder sind fotografische Reflexe aus der Tiefe des Unbewussten. Kunst, bei der das weibliche Modell eine abstrakte Idee visualisiert.

Für Lee Miller dagegen kam es im Sommer 1928 zu einem heftigen Zusammenprall von Fotografie und Leben, als alle großen Frauenzeitschriften der Vereinigten Staaten eine Werbeseite für die Damenbinde Kotex mit einem Foto von ihr im seidig schimmernden Abendkleid von Louise Boulanger veröffentlichten, aufgenommen von Edward Steichen. Bislang war das Produkt, das in einer blauen Box mit weißem Kreuz sehr nach Krankenhaus aussah, nur in gezeichneten

Anzeigen beworben worden, und die amerikanische Prüderie hatte, bis es 1926 auch diskret in Katalogen zu erwerben war, seinen Erfolg verhindert. Lee Miller sollte nun die erste reale Frau sein, die laut Werbetext »begeisterte Zustimmung« dafür aufbrachte. Das überirdisch schöne Glamourmädchen, konfrontiert mit einer prosaischen weiblichen Realität. Ungefragt hatte man sich ihres Gesichts und ihrer Popularität bedient; rechtlich gab es dagegen kein Mittel.

Lee beschloss, den USA den Rücken zu kehren und nach Paris zu reisen. Sie würde nicht mehr als kunstbegeisterte junge Frau in eine fremde Stadt kommen, sondern als amerikanisches Topmodel, das nirgendwo richtiger am Platz schien als in der Welt der Haute Couture. Also formulierte Steichen ein Empfehlungsschreiben für Man Ray und Condé Nast eines für den Cheffotografen der französischen *Vogue*, George Hoyningen-Huene. Lee reiste mit Tanja Ramm, die sie aus der New Yorker Kunstschule kannte, mit dem Schiff nach Le Havre.

Im magischen Licht: Man Ray
Paris, 1929–1932

Kaum in Paris angekommen, machten Tanja und Lee sich auf den Weg nach Florenz, wo Lee im Auftrag eines amerikanischen Designers lustlos ziselierte Gürtelschnallen und juwelengeschmückte Ohrringe von Renaissancegemälden zu kopieren begann. Davon gelangweilt, kaufte sie sich eine Klappkamera samt

Stativ und fotografierte die Motive. Alles ging plötzlich viel schneller, sodass die Freundinnen bald nach Rom aufbrechen konnten. Während Tanja von dort nach Deutschland fuhr, kehrte Lee im Juni 1929 nach Paris zurück und konfrontierte Man Ray in seiner Lieblingsbar Le Bateau Ivre nicht nur mit der Empfehlung von Edward Steichen für Modefotos, sondern auch mit ihrem Wunsch, seine Schülerin, also selbst Fotografin zu werden. Nachdem sie in der Kotex-Affäre keinerlei Einfluss auf die Verwendung ihres Bildes gehabt hatte, wollte sie nun nicht nur die Rolle des passiven Objekts mit der des aktiv gestaltenden Betrachters tauschen, sondern auch einen qualifizierten Beruf erlernen, der ihr dauerhafte wirtschaftliche Unabhängigkeit ermöglichte.

Man Ray, der immer wieder auf die Hilfe von männlichen und weiblichen Assistenten zurückgriff, erklärte ihr, dass er momentan kein Interesse daran habe und am nächsten Tag nach Biarritz aufbrechen werde. »Ich weiß, ich gehe mit Ihnen«, will sie gesagt haben, Auftakt zunächst für einen gemeinsamen Urlaub, dann für eine drei Jahre währende Zusammenarbeit und Liebesbeziehung.

Introvertiert, ernst, von seiner Arbeit besessen, konnte Man Ray auch witzig und heiter, spielerisch und selbstverliebt sein, experimentell und melodramatisch. Ein Charmeur und Homme à Femmes, der dank seiner auch in der *Vogue* publizierten Künstlerporträts in guten Verhältnissen lebte. Zurück in Paris, stellte er Lee als seine Assistentin ein. Sie erledigte seine Buchhaltung und lernte seine Technik im Atelier und

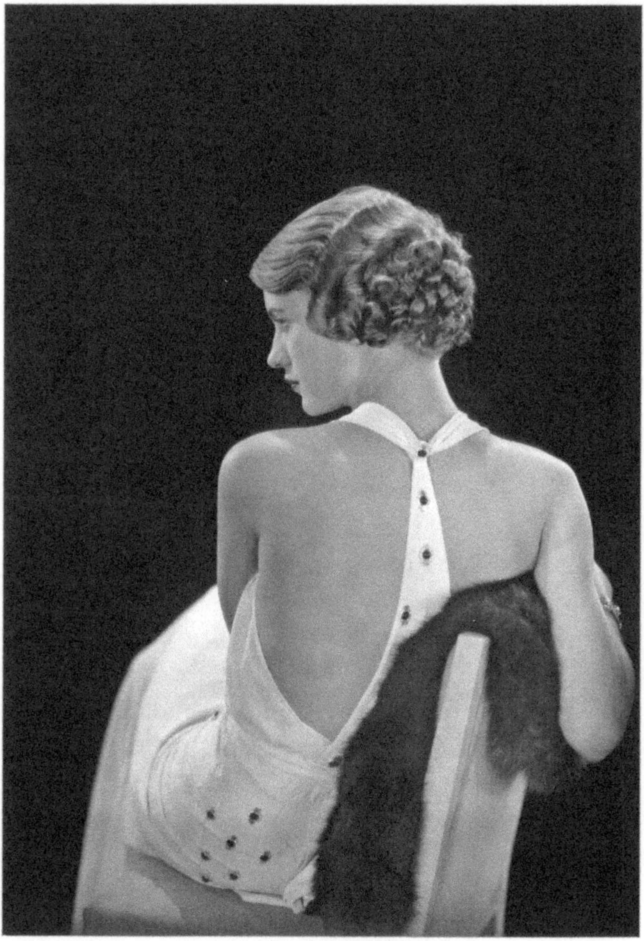

»Alles an Lee leuchtete.« Julien Levy
Lee Miller fotografiert von George Hoyningen-Huene, August 1931

in der Dunkelkammer kennen. Er fotografierte meist mit einer Graflex, 1901 in New York erstmals von Folmer & Schwing produziert, unverwüstlich, mit kurzen Verschlusszeiten, für einzelne Fotoblätter oder Rollfilm *die* Großformatkamera schlechthin. Oder er benutzte eine kleine Studiokamera mit Glasnegativen. Das altmeisterliche Licht von links oben hatte ausgedient. Sein Licht warf Schlagschatten, gerne auch nach oben, oder teilte sich in ganz viele Lichter auf. Die Kamera positionierte Man Ray in großer Entfernung zum Modell, damit dieses sich nicht durch die Anwesenheit des Fotografen gestört fühlen musste und sich entspannte, und wählte erst später den endgültigen Ausschnitt. Viele Negative mit den roten oder weißen Markierungen sind erhalten. Nahezu alle seine Fotografien bearbeitete er bei der Entwicklung, zumindest in Ausschnitten, nach. Er belichtete Negative mehrfach, blendete Halbtöne aus, verwendete grobes Papier für die Abzüge, um den Eindruck einer niedrigen Auflösung zu verstärken. Bald fertigte Lee viele seiner Abzüge und begleitete ihn zu Shootings.

Dem 17 Jahre Älteren muss sie als Verkörperung der »femme enfant« erschienen sein. Alle Surrealisten idealisierten die »Kindfrau«, verbanden sie mit dem Irrationalen und damit der künstlerischen Schöpferkraft. André Breton hatte ihr soeben in seinem Roman *Nadja* poetische Gestalt verliehen, die Malerin Marie-Berthe Aurenche, zweite Ehefrau von Max Ernst, spielte sie im wahren Leben. Auf einem launigen Freundschaftsfoto bilden Lee Miller und Man Ray mit den beiden eine Menschenpyramide. Fotos von Man Ray in dieser Zeit des Anfangs zeigen Lee mit kinnlangen Haaren im Sweater, eine scheue Mädchenmuse.

Die leidenschaftliche, in Bretons Worten »konvulsivische«, Liebe bezeichneten die Surrealisten vollmundig als Schlüssel zum Verstehen der Welt. Mann musste diesen Schlüssel nur in Händen behalten. Das schien bei den Kindfrauen und Musen ein Leichtes. Was aber, wenn die Frauen erwachsen und autonom wurden, selbst Künstlerinnen? Tobte dann der Geschlechterkampf? Max Ernsts Maschinenfrau schwankte seit 1923 durchs Bild. René Magritte malte nackte Frauen, leblos wie Marmorstatuen. Sadistische Praktiken und seltsame Zeremonien finden sich später bei Hans Bellmers Bondage-Puppen und in den Gewaltorgien eines Félix Labisse.

Auch Lee geriet in Man Rays Atelier in die Rolle eines Opfers für *Les fantaisies de Monsieur Seabrook* mit dem amerikanischen Schriftsteller, Journalisten, Reisenden und Okkultisten William Seabrook, einem Freund von Man. Um ihren Hals schließt sich ein massives Metallband. Sie hält die Augen geschlossen.

Aber die Geschichte männlicher Ambivalenz nahm eine Wendung: Lee, mit makellosem Gesicht unter einer schwarzen Mütze und dem archaischen Lächeln griechischer Statuen, geschenkt von den Göttern, ist sich ihrer Schönheit bewusst. Ganz ruhig sitzt sie da, bedürfnislos in sich ruhend. Das hat beinahe etwas Philosophisches. Und während Man Ray sie durch den Sucher betrachtete, begann er sich in sie zu verlieben, ersetzte den übergriffigen Blick des Vaters und den professionellen Blick der Modefotografen durch den berühmten *Look of Love.*

Lee ließ sich die Haare wieder zur smarten Kurzhaarfrisur schneiden, betonte Mund und Augen mit Make-up, posierte für Man in einer schlichten weißen Bluse und einem engen schwarzen Rock. Den Blick frontal auf die Kamera gerichtet oder das Gesicht ins distanzierte Vollprofil gedreht, zeigte sie, was sie von Steichen gelernt hatte, und war genauso schön wie auf dessen Bildern. Wie in New York lagen ihr auch in Paris die Männer zu Füßen, und Man Ray verzehrte sich vor Eifersucht.

Ungeachtet oder gerade wegen dieser Gefühle ihres Geliebten blieb Lee Miller ihrem Vorsatz treu, sich eine selbstständige Karriere als Fotografin aufzubauen. Sie kaufte sich eine zweiäugige Rolleiflex, 1929 erstmals in Serie hergestellt, die ein hochauflösendes Mittelformat von 6 mal 6 bot und wegen ihrer Kompaktheit eine echte Neuerung darstellte. Die Kamera ermöglichte großzügige Bildausschnitte, ein ausführliches Spiel mit der Perspektive, enorme Tiefenschärfe und war zuverlässig und leise. Man hält sie beim Fotografieren auf Hüfthöhe und blickt von oben in den Sucher, der ein spiegelverkehrtes Bild liefert. Die ideale Kamera, um unauffällig zu fotografieren, zum Beispiel auf der Straße.

Dorthin begab sich Lee bald mit dem ganz besonderen Blick der Surrealisten, die die Fotografie wegen ihrer mechanischen Ausführung als künstlerischen Automatismus priesen. Klick und Bild – schon war das

Wunderbare im Alltäglichen gebannt. Das erschien ihnen noch besser als Malen unter Drogen.

Lee Miller veränderte ihre Motive durch Fokussierung auf Details oder die Neigung des Aufnahmewinkels. Straßenszenen zeigen ein Schaufenster, angefüllt mit Gipskopien antiker Statuen, vielleicht aber spiegeln sie sich auch nur in der Glasscheibe, sind sie Reflexe, wie das Schattenmuster eines Bistrostuhls auf dem Boden. Die Hand am Türgriff, eine banale Geste, aber nicht, wenn das Glas explodiert. Dass die Welt jederzeit aus den Fugen geraten kann, wusste Lee, seit sie sieben Jahre alt war. Nebeneinander aufgereihte Rattenschwänze verunsichern den Betrachter, obwohl die Tiere so klein sind. Eine Hand greift nach dem Rand eines gefransten Sonnenschirms. Welche Not drückt sich darin aus? Lee Millers Fotos zeigen Angst als zu erforschendes Gelände und Quelle bildnerischer Schöpfung.

Der Zufall, den die Surrealisten als künstlerisches Prinzip feierten, wollte es dann auch, dass eine Maus Lee Miller in der Dunkelkammer über den Fuß huschte und sie vor Schreck den Lichtschalter betätigte. Man Ray machte das Licht wieder aus, doch die kurze Überbelichtung veränderte das unfixierte Foto und erzeugte eine partielle Umwandlung der hellen und dunklen Teile sowie einen dunklen Hof. Ein Traumbild, genannt Solarisation beziehungsweise Pseudo-Solarisation. Man Ray schuf in dieser Technik ein berühmt gewordenes Porträt von Lee Miller im für sie typischen Vollprofil nach rechts gedreht. Geheimnisvoll, schön, nicht von dieser Welt. Sie revanchierte sich mit seinem solarisierten Porträt beim Rasieren. Sie sollten ihre Entdeckung auch für Akte, die anatomischen Studien gleichen, und Modefotos nutzen. In Lees Vorstellung hatte die Solarisation sich selbst erfunden, Man Ray beanspruchte sie später für sich. Tatsächlich war sie bereits im 19. Jahrhundert als »Sabattier-Effekt« einmal bekannt gewesen.

Den nackten Körper einer Frau habe er nie »mit dem neutralen Auge angeschaut«, verriet Man Ray in seiner Autobiografie. Ein Halbakt von Lee mit über den Kopf gelegtem Arm setzt ihre klassische Schönheit also nicht nur künstlerisch um, sondern ist aufgeladen mit männlichem Begehren. Ein Schöpfungsakt? Jean-Paul Sartre schrieb zu solchen Machtfantasien 1943 in *Das Sein und das Nichts*: »Der Blick des Anderen formt meinen Leib in seiner Nacktheit, lässt ihn entstehen, modelliert ihn, bringt ihn hervor, wie er ist, sieht ihn, wie ich ihn nie sehen werde.« Lee Miller war jedoch professionelles Model und keine Frau, die noch nie im Leben »schönfotografiert« worden war und den Künstler dafür anbetete. Sie antwortete Man nicht nur mit einem Selbsthalbakt, sie übertraf ihn: hoch aufgerichtet, die Arme hinter dem Kopf verschränkt, das Gesicht im Profil, ein lockeres Tuch um die Hüften. Sie kennt ihre Schönheit und erotische Ausstrahlung genau, und sie inszeniert sie perfekt. Eine Selbstermächtigung, wie sie nicht nur angesichts der künstlerischen Qualität von Man Rays weiblichen Aktfotos wie *Le Violon d'Ingres*, sondern vor allem angesichts der vielen Aktaufnahmen, die ihr Vater von ihr angefertigt hatte, größer nicht hätte sein können. Lee Miller beherrschte das Bild ihres Körpers.

Nicht nur in ihren Arbeiten, auch räumlich drückte sie ihren Wunsch nach Nähe *und* Freiraum, nach Liebe *und* eigenständiger Arbeit aus, als sie im Januar 1930 in einem Künstlerhaus in der Rue Victor Considérant 12 neben dem Friedhof von Montparnasse ein eigenes Atelier anmietete, zweigeschossig wie das von Man Ray und in seiner Nachbarschaft. Während sie dieses lebenspraktische Konzept verfolgte, begeisterte er sich für die frauenfeindlichen Schriften des Marquis de Sade. Lee zeigt er mit nacktem Oberkörper und einem Fechtschutz aus Metallgeflecht über dem Gesicht quasi im männlichen Blick und Begehren gefangen, so wie Frauen sein sollten, damit die Surrealisten sich nicht zu fürchten brauchten, nannte das Bild *La Femme surrealiste* und machte sie damit zur Verkörperung einer abstrakten Idee, wie er es sechs Jahre zuvor mit Kiki de Montparnasse als Violine gemacht hatte. Nur fehlte dieses Mal der Humor.

Für Man Ray war nicht nur der nackte Körper einer Frau, sondern auch ihr Kopf erotisch aufgeladen: »Die vollständige Entblößung des Kopfes ist eine Einladung zu einer wahrhaften Orgie ... nichts kann die Fantasie davon abhalten, die wildesten Spekulationen anzustellen ... Der Kopf einer Frau ist das vollständige Abbild ihres Körpers ... So lautet stets und bei jedem Zweck unsere erste Frage in Bezug auf eine Frau: Hat sie einen Kopf?«

Als er Lee Miller mit nach hinten geworfenem

Haupt und entsprechend überstreckter Kehle in Szene setzte, das Ergebnis aber misslungen fand und das Negativ in den Papierkorb warf, mischte sie sich ein und rettete es. Sie verkleinerte den Ausschnitt, so wie es Man Ray selbst auch stets tat, und machte es durch Nachbearbeitung softer, kreierte eine erotische Ikone von Verletzlichkeit und Hingabe, von der sie erklärte, dies sei nun ihr Kunstwerk. Damit brachte sie nicht nur den männlichen Künstlermythos mit all seinem Pathos ins Wanken, sondern wurde für Man Ray auch zur ernsthaften Rivalin. Der Düpierte benutzte das bearbeitete Foto ihres in den Nacken geworfenen Kopfes als Vorlage für sein Gemälde *Le Logis de l'artiste* (*Das Heim des Künstlers*) und bedrohte Lees Hals mit einer roten Hand, die einen Rasierhobel hält. Ein eher bemüht wirkender Versuch. Er muss wirklich wütend gewesen sein.

Neben Lee setzte Man Ray auch andere Frauen in Szene, nicht nur Porträtkundinnen oder Models für Modefotos, sondern ebenso ihre New Yorker Freundin Tanja Ramm, als sie im Frühling nach Paris kam und ein paar Wochen bei Lee wohnte. Tanja in konventionellen Porträtposen, aber auch auf dem Boden liegend, den Körper mit schwarzen Tüchern verhüllt, die Augen geschlossen, die Haare ausgebreitet wie ein Fächer. Auch sie hatte also einen Kopf!

Paul Éluard, der Lyriker und Surrealisten-Freund, stellte Man Ray eine junge, graziöse, aparte, dunkelhaarige Frau mit riesigen Augen vor. 1906 in Mülhausen im Elsass geboren, hatte Maria Benz ihre

Kindheit in Berliner Theatern und Varietés verbracht und war seit 1920 als Akrobatin, Hypnotiseurin und Schauspielerin im Théâtre du Grand Guignol in Paris aufgetreten. 1929 hatte ihr in Zürich der Bauhauskünstler Max Bill nach der Oper von Paul Hindemith *Das Nusch-Nuschi* ihren Kosenamen gegeben. Zurück in Paris, hatte Nusch Éluard kennengelernt und den Platz der treulosen Gala eingenommen, die inzwischen mit Salvador Dalí zusammenlebte. Jetzt stand sie im Atelier von Man Ray. Er zeigte sie fragil und anschmiegsam und ließ sie gemeinsam mit Lee in zärtlichen Freundinnenszenen posieren.

Lee Miller sah sich im Gegensatz zu solchen Männerfantasien als freie und unabhängige Frau, die selbst über ihr Leben bestimmte. Einmal mehr stieg sie auf die angebotene Rivalität ein, inszenierte diverse Fotos von Man Ray – auch Akte – mit weiblichen Models nach und stellte damit nicht nur erneut ihren Wunsch nach Abstand unter Beweis, sondern auch die Tatsache, dass sie als Frau andere Frauen in dieser Weise ohne sexuelle Konnotationen fotografieren konnte.

Eine andere surrealistische Künstlerin, die sich mit dem erotisch aufgeladenen Thema der männlichen Muse beschäftigte, war Leonor Fini, die nackte junge Männer auf dem Boden lagern ließ, wie es jahrhundertelang nur Venus in Erwartung eines Liebhabers getan hatte. Zwölf Fotos scheinen der Kreativität Lee Millers zu huldigen, die auf dem erleuchteten Retusche-Tisch aus einem Foto eine Zeichnung entwickelt – geschmälert wird die Hommage nur dadurch, dass es sich bei dem Foto um eines ihrer Man-Ray-Porträts handelt, die Serie also eher ihn als sie feierte.

Nach fast einem Jahr in Paris verbrachten Lee und Man Ray im Mai 1930 wieder ihre Ferien in Biarritz. Lee sitzt mit weiten Hosen und dunklem Blazer in einem Straßencafé, steht mit einfacher Mütze und einer Kette aus Meerschwämmen um den Hals vor einer Natursteinmauer, oder er hält sie glücklich und stolz in seinen Armen. Sie scheint locker und entspannt. Doch der amerikanische Börsenkrach im November 1929 wirkte sich auch in Paris auf die Auftragslage aus. Man Ray nahm verstärkt Modeaufträge an und setzte sie mit Lee als Model um: im schwarzen Badekostüm, im durchsichtigen Abendkleid, die Beine weit gespreizt, im Art-déco-Strickanzug mit kurzen Hosen und passendem Cape, mit Kaviartupfen-Jacke und strenger Haube. Ihren Glamour entfalteten seine Modefotos stets durch ein konsequentes »Zuwenig«.

Lee nutzte nun ihr Empfehlungsschreiben an den aus St. Petersburg stammenden George Hoyningen-Huene. Er fotografierte sie für die französische *Vogue* in dem für ihn typischen unterkühlten Look häufig gemeinsam mit Horst Bohrmann. Beide groß und blond, ein überirdisch schönes Geschwisterpaar. Auch im Polopulli oder im großen weißen Abendkleid – wie auf dem Titel dieses Buches – wird Lee zum Inbegriff der Amerikanerin mit cleaner Ausstrahlung wie später Grace Kelly oder January Jones als Betty Draper in *Mad Men*. Bald posierte sie auch für Horst Bohrmann selbst, der sich als Fotograf Horst P. Horst nannte, zum Beispiel mit verträumt aufgestütztem Kopf, Maiglöckchen in der Hand. Der New Yorker Galerist Julien Levy erinnerte sich begeistert an Lee in dieser Zeit: »Plötzlich war sie da, schritt in einer kühnen, hellen Aura direkt vor mir her den Boulevard Raspail entlang. Alles an Lee leuchtete. Ihr Geist leuchtete, ihr Denken, ihre Fotokunst und ihr schimmerndes blondes Haar.«

Ein Selbstporträt und Modefoto zeigt sie in einem Mantel des französischen Designers Jean Patou, dessen Name seit dem Ende des Ersten Weltkriegs neben dem Coco Chanels für lässig-moderne Damengarderobe stand. Lee trägt Fischgrat-Tweed über einer Pelzweste mit großem Kragen und einen mit einer kleinen Feder geschmückten Hut. Das Gesicht ist ins signifikante Profil gedreht. Ein großer V-Ausschnitt lässt den Hals frei, sie hat keinen Schmuck angelegt. Das tat der Prototyp der modernen, selbstständigen jungen Frau nicht für eine Reise, einen Wochenendtrip, das Abenteuer, von dem Mantel und Hut sprechen. Die *Vogue* druckte das Bild mit dem Zusatz: »Lee Miller, Paris.« Damit waren ihre Schönheit und ihr Können zu einer erfolgreichen Marke verschmolzen. Man Ray muss sich schmerzlich an die Entwicklung seiner Beziehung zu Kiki erinnert gefühlt haben, die ihr Ende in deren Eigenständigkeit und schließlich Abgrenzung gefunden hatte.

Im Dezember 1930 kam Theodore Miller nach Schweden zum Firmensitz von DeLaval. Lee verbrachte die zweite Dezemberhälfte und die Weihnachtstage mit ihm in Stockholm, während Man Ray sich in

Cannes aufhielt. Im Januar 1931 fotografierte der Vater mehrere Situationen in ihrem Pariser Atelier: Das Hausmädchen Caroline aus Martinique wirft eine beeindruckende Schattensilhouette an die Wand. Lee und Tanja liegen mit Zeitung und Frühstückstablett im Bett. Gemeinsam mit einem *Vogue*-Model posieren sie im Akt. Eher bieder wirken Lee und Man Ray am Retusche-Tisch. Sie strahlt ihn an. Er lächelt gütig auf sie herab.

Theodore Miller bewegte sich in der Welt von Lee und Man Ray als Kollege unter Kollegen. Wie in Poughkeepsie zog Lee sich für ihn aus und brachte Freundinnen dazu, dasselbe zu tun. Hatten solche Fotosessions in ihrem Elternhaus angeblich immer in Anwesenheit ihrer Mutter stattgefunden, gab es in Paris ihren Liebhaber, der zugegen war und anschließend als Fotograf selbst seine Kamera auf Vater und Tochter richtete. Lee sitzt auf Theodores Schoß, lehnt sich an ihn, lächelt verhalten oder steht neben ihm, den Kopf auf seinem Kopf abgelegt. Er blickt wie immer energisch. Sie gehört mir, scheint er Man Ray suggerieren zu wollen.

Genauso wenig wie die Tatsache, dass Lees Vater immer noch einen zentralen Platz in ihrem Leben beanspruchte, konnte es Man Ray gefallen, dass sie in Jean Cocteaus Film *Le sang d'un poète* (*Das Blut eines Dichters*) weiß geschminkt eine antike Statue spielte. Außerdem gab es noch die zahllosen Verehrer …

Rückblickend schrieb Man an Lee, er habe sie nicht nur mit großer Leidenschaft und Eifersucht geliebt, sondern sie auch nach Kräften gefördert, »indem ich

Dir jede in meiner Macht stehende Möglichkeit bot, alles Interessante aus Dir herauszuholen«. Das typische Lehrer-Schülerinnen-Verhältnis also? Der Grund für diese pädagogischen Anstrengungen: »Ich habe versucht, aus Dir mein Gegenstück zu machen.« Er hatte sich also eine Frau erschaffen wollen, nicht nur wie Pygmalion nach seinen Vorstellungen von Weiblichkeit, sondern als Pendant zu sich selbst! Das geht weit über die Intensität einer leidenschaftlichen Liebesbeziehung oder eine kreative Symbiose hinaus und negiert jegliche künstlerische Eigenständigkeit von ihr, die sie aber längst unter Beweis gestellt hatte. Keinen kann es wundern, dass Lee sich zur Wehr setzte, sich schützte und Pläne für eine eigene private und berufliche Zukunft ohne Man fasste. Daraufhin warf er ihr vor, sie wolle sich unabhängig machen, um sich ihrer selbst zu versichern.

Als Lee Miller in London die Stars der Paramount auf einem Filmset sowie die englischen Sportkollektionen des Sommers fotografierte, bot Man Ray ihr die Heirat an. Er lockte mit rosigen Zukunftsaussichten, interessierte sich doch der Artdirector von Condé Nast für seine Arbeit. »Er ... hofft, dass Du Dich wieder unter meinen Einfluss begibst.« Bis zum Schluss kann er seine starren und sturen Besitzansprüche, das Gefälle, das er zwischen ihnen imaginieren muss, nicht aufgeben. Es sollte noch Jahre dauern, bevor die Surrealisten Künstlerinnen innerhalb ihrer Gruppe akzeptierten. Was konnte Lee tun, um ihre Selbstachtung zu bewahren? Sie musste gehen. Er wollte sie halten, und er verlor sie.

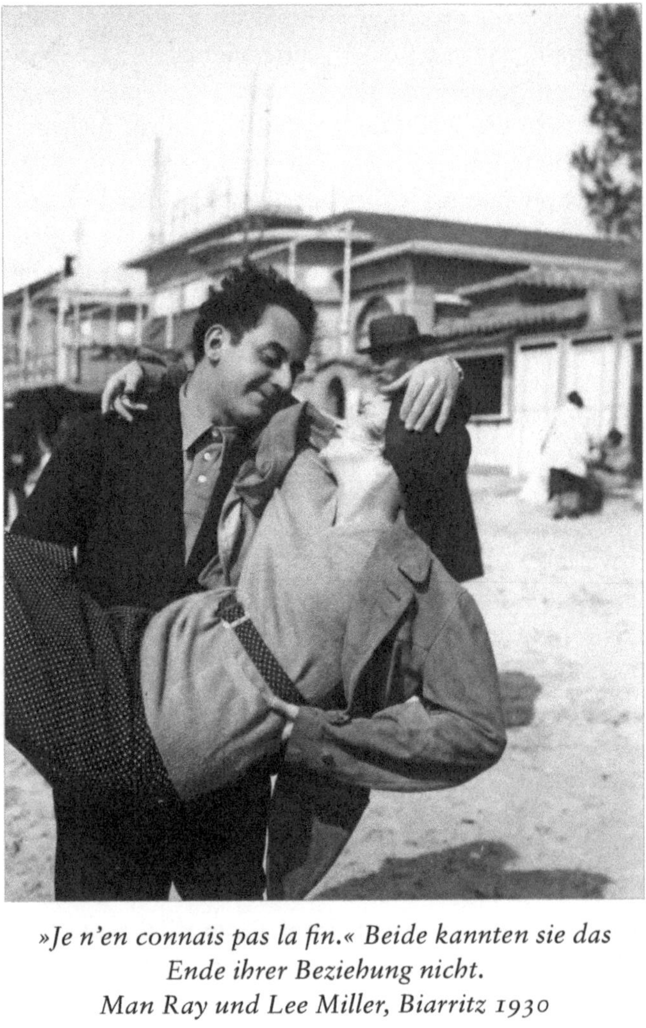

»Je n'en connais pas la fin.« Beide kannten sie das Ende ihrer Beziehung nicht.
Man Ray und Lee Miller, Biarritz 1930

Im Dezember 1931 reiste Lee Miller nach St. Moritz, wo sie den ägyptischen Geschäftsmann Aziz Eloui Bey traf. Sie hatte dessen Frau Nimet, die 1929 als erste Frau aus dem Nahen Osten auf einem *Vogue*-Titel erschienen war, mehrfach porträtiert. Während der viele Jahre ältere Aziz und Lee einander näherkamen und Charlie Chaplin für Lee unter einem Kronleuchter posierte, träumte Man Ray immer noch von einer gemeinsamen Zukunft in den USA. Als Aziz im Frühjahr 1932 nach Kairo zurückkehrte, waren er und Lee Miller ein Liebespaar geworden.

Vom 20. Februar bis zum 11. März 1932 nahm Lee als eine von zwanzig europäischen Fotografinnen und Fotografen an Julien Levys Ausstellung *Modern European Photography* in seiner New Yorker Galerie teil. Direkt danach schickte er ihre Bilder weiter an eine Ausstellung im Brooklyn Museum: *International Photographers* mit László Moholy-Nagy, Cecil Beaton, Margret Bourke-White, Tina Modotti, Ilse Bing, Emmanuel Sougez, Umbo und Man Ray. Die *New York Times* pries Man Rays solarisiertes Porträt von Lee und ihr Bild von dem blonden Hinterkopf einer Frau, deren manikürte Hand sich in die kurzen Locken greift. Durch die Diskussion, ob sie Man Rays Geschöpf sei oder eine ernst zu nehmende Künstlerin, wurde ihre Arbeit immerhin bekannt, und der Weg zurück in die USA schien geebnet.

Dann zeigte Julien Levy im April 1932 eine Werkschau von Man Ray, und *Time* skandalisierte ein Foto von Lees Torso. Ihr Vater erzwang eine Entschuldigung der Zeitschrift. Für den Herbst waren Ausstellungen in Brüssel und Gent gemeinsam mit Man Ray geplant. Außerdem wollte die französische Schriftstellerin Lise Deharme in ihrer surrealistischen Zeitschrift *Le Phare de Neuilly* Fotos von Lee veröffentlichen.

Während Lee Miller also höchst erfolgreich um ihre berufliche Selbstständigkeit kämpfte und begann, sich international einen Namen zu machen, begann Man Ray mit der Überarbeitung eines Metronoms, auf dessen Schwungarm er 1923 die Fotografie eines Auges fixiert hatte, das ihn beim Malen beobachten sollte: *Object to Be Destroyed* (*Objekt, das zerstört werden muss*). Jetzt schnitt er Lee Millers Auge aus einem Foto aus, klemmte es mit einer Büroklammer fest, fertigte eine Zeichnung davon und schrieb auf die Rückseite: »Schneide das Auge aus einem Foto von jemandem aus, der geliebt wurde, aber nicht mehr gesehen wird. Befestige das Auge am Pendel eines Metronoms und passe das Gewicht an das gewünschte Tempo an. Gehe bis an die Grenze des Erträglichen. Versuche das Ganze mit einem gut gezielten Hammerschlag zu zerstören.« Diese Anweisung konterkarierte er mit dem neuen Namen *Indestructible Object* (*Unzerstörbares Objekt*). Erstmals 1933 in der Galerie Pierre Colle am Montmartre ausgestellt, ging es während der deutschen Besatzung von Paris verloren, wurde vom Künstler im Jahr 1945 kopiert, bei einer Dada-Ausstellung 1957 zerstört, 1958 noch einmal angefertigt und 1965 zum ersten Mal vervielfältigt. Außerdem füllte Man Ray ganze Seiten seines Notizbuchs mit ihrem Namen und schrieb: »Konten sind niemals ausgeglichen, man zahlt nie genug etc.

In Liebe Man.« Lee buchte ihre Passage auf der *Ile de France*. Am 17. Oktober 1932 warteten die Reporter in New York auf sie, denen sie gesagt haben soll, sie mache nun lieber selbst Bilder, als eines abzugeben.

Auf ihren Befreiungsschlag reagierte Man Ray mit einer Fotoserie, in der Jacqueline Barsotti die Rolle von Lee Miller spielt. Sie trägt einen Strick um den Hals, richtet die Pistole gegen ihre Wange, eine Zigarette hängt im Mundwinkel, sie lacht und bietet so die Parodie einer Selbstmordszenerie. Man Ray, selbst zweimal in ebendieser Pose fotografiert, schaut dramatisch. Die Botschaft der Bilder ist eindeutig: mitleidlose Frau und der Mann als Opfer. Auf seinem bekanntesten Gemälde *A l'heure de l'observatoire – Les Amoureux* (*Die Sternwartenstunde – Die Liebenden*, 1932–1934) schweben dann Lees Lippen riesig vergrößert über dem Pariser Observatorium. Inzwischen hatte er eine 19-jährige Schweizer Künstlerin nackt zur nächsten Muse der Surrealisten erwählt: mit *Erotique voilée* (*Verhüllte Erotik*) – Meret Oppenheim 1933 an der Kupferstichpresse des Malers Louis Marcoussis.

Ein eigener Blick

Das Studio
New York, 1932–1934

Lees Porträt ihrer Familie, kurz nach ihrer Ankunft in den USA an Thanksgiving 1932 aufgenommen, erinnert in der Choreografie an die Studiofotografie, auf der sich zwanzig Jahre zuvor dieselben Personen versammelt hatten. Jetzt stehen allerdings die beiden erwachsenen Söhne im Hintergrund, links Erik, der Fotograf, rechts John, der Pilot. Im Vordergrund wieder eine Bank, links Florence im hellen, weich fallenden Kleid ohne Schmuck, das kurz geschnittene Haar signalisiert Modernität, das feine Gesicht wirkt immer noch ein bisschen besorgt. Rechts von ihr sitzt Theodore, den typisch entschiedenen Blick nach links gerichtet, neben ihm Lee, das dunkle Kleid vor dunklem Hintergrund betont ihr Dekolleté und ihr Gesicht im Vollprofil. Sie blickt in die gleiche Richtung wie der Vater. Wie ihre Mutter hat sie einen Arm auf der Lehne der Bank abgestützt. Gut aussehende Menschen in vollkommener Symmetrie, erfolgreich, arriviert, perfekt.

Lee mietete in New York zwei Apartments im dritten Stock eines Gebäudes in der 48th Street. In einem wohnte sie, das andere machte sie mithilfe von zwei kapitalkräftigen Mäzenen zum Atelier für Porträt-,

Mode- und Werbefotografie: *Lee Miller Studios Inc.* Erik hatte in New York bei der deutschen Mode- und Werbefotografin Toni von Horn gelernt. Jetzt richtete er die Dunkelkammer ein, baute Kulissen, sorgte für die Beleuchtung. Lee dekorierte die Fenster in den Farben des Regenbogens und engagierte eine Sekretärin, eine Köchin und Haushälterin. Die Presse schrieb bereits über »Lovely Lee Miller«. Die *Vogue* feierte sie nach der Eröffnung im November als eine »Ikone der Eleganz«. In Interviews gab sie sich betont amerikanisch. Von Dezember 1932 bis Januar 1933 veranstaltete Julien Levy eine Einzelausstellung ihrer Fotos.

In jener Zeit jedoch, als Lee Miller sich zu etablieren versuchte, kämpften die USA mit einer Wirtschaftskrise, 15 Millionen Menschen waren arbeitslos. Die Mode betonte, wie in allen Krisenzeiten, die weiblichen Kurven. Der Rocksaum sank über hohen Pumps fast bis zum Knöchel, denn Frauen sollten sich wieder von ritterlichen Männern durchs Leben führen lassen, während ihre langen Haare ihnen in Wellen auf die Schultern fielen. Eine weibliche Erotik, die sich männlicher Stärke unterordnete. Der Typus des androgynen Flapper Girl, das Lee exemplarisch verkörpert hatte, war passé, die künstlerische Freiheit von Paris Vergangenheit. Ambitionierte Fotografinnen und Fotografen wie die Deutschen Hansel Mieth und Otto Hagel oder die Amerikanerin Dorothea Lange widmeten sich den Opfern der wirtschaftlichen Abwärtsentwicklung. Die europäische

Kunstfotografie, die Julien Levy zeigte, wurde als Manierismus abqualifiziert.

Doch Lee blieb voller Enthusiasmus, weil sie wusste, was sie konnte. Zunächst halfen ihr Kontakte zu Condé Nast und Nickolas Muray, kommerzielle Kunden zu akquirieren. So setzte sie Mode für die Nobelkaufhäuser wie Saks und Kosmetik von Elizabeth Arden oder Helena Rubinstein ins Bild, stellte dabei zum Beispiel zwei Reihen rechteckiger Parfümflakons diagonal auf einen Spiegel und erreichte die Monumentalität einer Architekturfotografie. Sich selbst fotografierte sie im opulent verträumten Look für eine Werbung von Haarbändern. Das schwere Samtkleid, die luftigen Lockenhaare, der weiche Sessel: die Wiedergabe der Texturen ist technisch optimal. Stilistisch näherte sie sich der malerischen Technik Steichens an, der soeben Marlene Dietrich in ähnlicher Pose inszeniert hatte.

Mit Roosevelts *New Deal* verbesserte sich die Stimmung im Land. Lee erhielt Aufträge von *Vogue*, *Vanity Fair* und *Harper's Bazaar*, und auch die Anzahl der Porträtkunden stieg an. Die britisch-deutsche Schauspielerin, Sängerin und Tänzerin Lilian Harvey zeigte sie nicht als niedliches Püppchen, sondern kostbar und fragil in solarisierten Fotos. Joseph Cornell, ein in Queens lebender Maler, Bildhauer und Experimentalfilmer, posiert im Profil hinter einem seiner Objekte, einem Modellsegelschiff mit Pferdeschweif. Neben zahlreichen konventionellen Damenporträts, die die Schönheit des Gesichts, die Grazie der Erscheinung, die Eleganz der Kleidung und die Opulenz des Schmucks betonten, greift das auf schwarzem Untergrund fotografierte Porträt einer jungen Frau – *Floating Head* (1933) – das gemeinsam mit Man Ray durchgespielte Thema der Isolierung des weiblichen Kopfs noch einmal auf.

Inzwischen gehörte es in der New Yorker Gesellschaft zum guten Ton, sich von Lee Miller fotografieren zu lassen. Die Presse berichtete über den Ablauf ihrer Porträtsitzungen, und Lee bekam ausführlich Gelegenheit, über ihre »typisch weibliche« Arbeitsweise zu sprechen: mit viel Einfühlung in die Kunden und der Herstellung einer persönlichen Beziehung. Männer charakterisierte sie wegen deren Befangenheit als schwierig. »Frauen sind es gewohnt, angeschaut zu werden.« Da sprach sie aus Erfahrung.

1934 hatte sich Lee Miller als Porträtistin und Modefotografin etabliert, ihre künstlerischen Fotos ließen sich trotz Julien Levys Bemühungen jedoch nicht verkaufen. Man Ray und die Surrealisten hatten ihr in Paris vielleicht keinen Markt eröffnen wollen, jetzt gelang dieser Durchbruch wegen der Zeitumstände, in denen das Land sich auch kulturell auf sich selbst besinnen wollte, nicht. Lee litt. Ihre alte Sehnsucht nach Paris lebte wieder auf.

Später machte sie deutlich, dass sie die Selbstständigkeit als außerordentlich strapaziös erlebt hatte: das Gewinnen und Halten von Kunden, die Verantwortung für ein kleines Unternehmen und die harte Arbeit. Trotz des Zerwürfnisses wird sie Man Ray vermisst haben, seinen Witz, seine verspielten Ideen und vor allem seinen kollegialen Rat. Dann kam Aziz Eloui Bey nach New York, um technisches Equipment für die ägyptische Staatseisenbahn zu ordern. Immer noch reich und kultiviert und verliebt. Lee, des schönen Scheins ihrer Fotos und ihres gesellschaftlichen Lebens überdrüssig, sah wohl die Chance, einmal um ihrer selbst willen geliebt zu werden, wollte seine Frau werden, ihm nach Ägypten folgen. Ihre Karriere als Fotografin gab sie dafür auf. Erik wickelte nach ihrer Hochzeit das Studio für sie ab.

Vielleicht steht das letzte Aktfoto, das Theodore Miller in diesem Jahr von seiner Tochter machte, mit dieser Kehrtwendung in Lees Leben in Zusammenhang. Sie sitzt auf einem Hocker, ein Bein angezogen, das Gesicht nach rechts ins Vollprofil gedreht. Ein netzartiger Schleier liegt über ihrem Körper, der ab jetzt der Kamera ihres Vaters entzogen sein wird.

Am 19. Juli 1934 heirateten Lee und Aziz auf dem ägyptischen Konsulat in New York. Zuvor hatten sie sich standesamtlich trauen lassen. Die Flitterwochen verbrachte das Paar bei den Niagarafällen. Lee fotografierte Wolken. Am 1. September reisten sie per Schiff nach Kairo. Die *New York Times* brachte am 5. September ein Bild der Braut in Weiß mit Schleier und Lilienbouquet.

Surreale Landschaften
Kairo, 1935–1937

Lee Millers bekanntestes Foto aus Ägypten, *Portrait of Space* zeigt, wie sie sich während ihrer Ehe in Kairo gefühlt haben muss. Es entstand 1937, nachdem sie

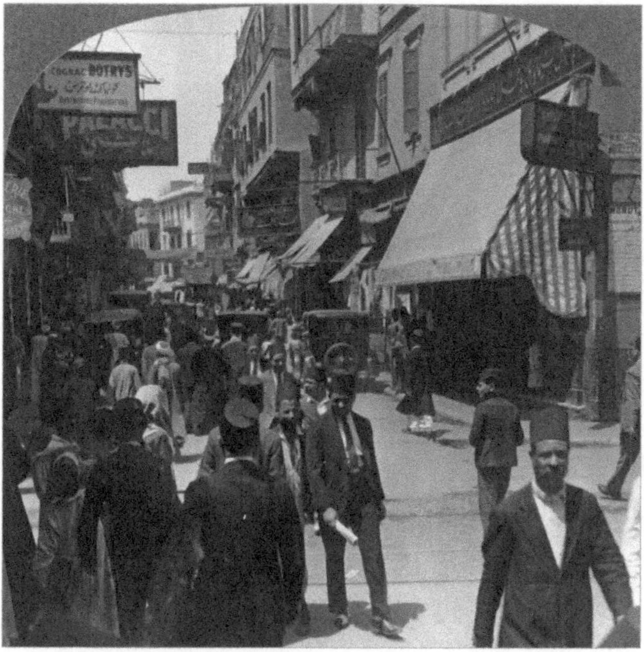

Lee Miller lebte Mitte der Dreißigerjahre in Kairo in einer Männerwelt

aus Frankreich zurückgekehrt war, nach der Wiederbegegnung mit den Surrealisten und dem Beginn ihrer Beziehung zu Roland Penrose. Fotografiert hat sie es in Siwa, einer Oase, fünfhundert Kilometer westlich von Kairo, die sie gemeinsam mit ihrem Ehemann und Freunden besuchte. Der Blick öffnet sich aus einem Zelt durch ein aufgerissenes Fliegengitter auf die Wüste. Es könnte auch das Meer sein. Über dem Loch im Netz hängt ein massiver Holzrahmen, der den Blick in ein Stück Himmel freigibt. Innen und Außen, Oben und Unten, Gefangenschaft und Freiheit. Nicht nur die Malerei kannte solche Fensterbilder in der Romantik und im Biedermeier, stets Bezug nehmend auf das Leben von Frauen. Auch Man Ray hatte Lee in Paris mehrfach an ein halb geöffnetes Fenster gelehnt fotografiert. Die Gardine warf einen Schatten auf ihren entblößten Oberkörper, und sie blickte sehnsüchtig in die Ferne. Hol mich hier raus!

Doch zunächst war Lee nach ihrer Heirat mit ihrem Ehemann in einen Villenvorort von Kairo gezogen. Antony Penrose veröffentlichte in der Biografie seiner Mutter Briefe, in denen Aziz Eloui Bey seinen Schwiegereltern von ihrem neuen Leben berichtet, das er als »leicht und angenehm, so wie immer hier«, bezeichnete, obwohl der Nil über die Ufer getreten war, gefolgt von einer Stechmückenplage und dem Zusammenbruch des Abwassersystems. Da brachte er Lee einfach nach Alexandria, wo sie seine Freunde mit offenen Armen empfingen. Sie schwammen gemeinsam im Meer, aßen stundenlang zu Mittag und spielten Bridge und Poker. Abends besuchten sie die angesagten Clubs, landeten im Haus von irgendwem, tanzten und spielten weiter. Ein Jetset-Leben also. Zurück in der Hitze Kairos, ließ sich Lee gegen Typhus impfen.

Dann brachte Aziz sie auf die Baumwollfarm eines weiteren Freundes auf dem Land, wo sie wieder aßen, tranken und Karten spielten. Lee fotografierte mit dem Blick der Surrealistin Kamele und Baumwollsäcke. Und nächsten Monat würden sie in ihr Haus in Gizeh, hoch über Kairo, bei den Pyramiden, umziehen, Lee musste schließlich im Winter Gäste einladen können …

Aus allem, was Aziz schrieb, geht hervor, mit welch fürsorglicher Zärtlichkeit er seine junge Frau umgab. Stolz versicherte er den Eltern, dass jeder dort sie mochte, mögen musste. Er selbst »würde sie aus jeder Menge herauspicken als eine ausgesprochen strahlende Gestalt«. Lee brillierte bei gesellschaftlichen Ereignissen, keine Frage, das konnte sie seit ihrer Modeltätigkeit für die amerikanische *Vogue*. Als Amerikanerin genoss sie größere Freiheiten als die Ägypterinnen, so schenkte ihr die Bar in Shepheard's Hotel in Kairo als erster Frau einen Drink aus. Doch trotz aller Akzeptanz fiel es ihr schwer, sich in der neuen Umgebung einzuleben. »Sie arbeitet ja nicht mehr, und Lees Gehirn muss arbeiten, damit ihre Zeit vergeht«, so gut kannte Aziz sie bereits, hoffte zunächst aber nur, dass sie sich bald »von dem strapaziösen Leben in New York« erholte, dann würde es ihr besser gehen.

Und tatsächlich: Lee war dem New Yorker Studio mit seinem Erfolgsdruck entflohen und entkam in

Ägypten dem Zwang, stets makellos schön zu sein. Sie trug einfache Kleidung, strubbelige Haare, nahm ein paar Kilo zu. Auf einem Doppelporträt mit Aziz lächelt sie noch einmal ihr archaisches Lächeln.

Im Sommer 1935 floh das Paar vor der Hitze zunächst nach Alexandria, dann nach Zypern, schließlich nach St. Moritz, in das Haus, das Aziz dort besaß, litt an der Temperaturumstellung, wie er Lees Eltern schrieb, und langweilte sich zwischen den wenigen alten und übellaunigen Leuten, die sich den Luxus eines Aufenthalts dort noch leisten konnten. Lee fügte nur in einem Postskriptum an, dass sie Neun-Loch-Golf gespielt habe. Ein Satz.

Den September verbrachten Aziz und sie in Berlin, kümmerten sich um seine dortigen Immobilien, reisten weiter nach London.

Erst Monate später schrieb Lee einen Brief an ihren Lieblingsbruder Erik, erzählte ihm von ihrem Chemiestudium an der Amerikanischen Universität und ihren Arabischstunden und dass sie keinerlei hausfrauliches Talent besitze. Seiner Frau vertraute sie an, sie habe sich zwei Monate ins Bett zurückgezogen, nicht ernstlich krank, sondern »schlecht gelaunt und einfach verdammt zu müde, um mich für irgendwen oder irgendwas zu interessieren«. Ob Erik sich wohl vorstellen könne, für Aziz in dessen neu gegründeter Firma zu arbeiten, oder hänge er immer noch an der Fotografie? Sie, Lee, habe sie in New York zum Schluss gehasst. »Ich weiß, wie man sich als Fotografin fühlt, es ist die Hölle.« Kaum war der Satz auf dem Papier, berichtete sie Erik allerdings, dass sie sich vor Kurzem in Jerusalem – wo sie wegen ihrer anhaltenden Erschöpfung einen Arzt aufgesucht hatte – wieder inspiriert gefühlt und fotografiert habe. Anschließend sei sie mit einem amerikanischen Mitarbeiter von Kodak, der eine neue Fabrik im Nahen Osten aufbauen sollte, auf Motivsuche in einem Dorf gewesen. Sie schrieb ihrem Bruder auch von einem Fotoladen in Kairo, der zufriedenstellende Abzüge anfertige. Zwar bearbeitete sie, die Perfektionistin in der Dunkelkammer, ihre Fotos also nicht mehr selbst, sondern gab sich mit den Resultaten Dritter zufrieden, dennoch hört es sich nach einem Neuanfang an. Erik, der sich schon auf den Kinderbildern immer vertrauensvoll an seine ältere Schwester gelehnt hatte, nahm ihr Angebot an, verband sein Leben erneut mit dem ihren und reiste mit seiner Ehefrau Anfang 1937 nach Alexandria. Lee empfing die beiden in ihrem Haus in Gizeh.

Sie hatte inzwischen die Wüste für sich entdeckt, plante und unternahm abenteuerliche Reisen, mit einem Führer und einer Gruppe von Freunden und mehreren Fahrzeugen. Ihre erste Expedition führte sie in die Klöster der Heiligen Antonius und Paulus mit ihrer grandiosen Architektur, 330 Kilometer südöstlich von Kairo. Lee hatte in den USA die Niederlage einstecken müssen, dass Julien Levy ihre künstlerische Fotografie nicht etablieren konnte, doch in ihrem Herzen war sie immer noch eine surrealistische Fotografin mit einem Blick, den sie bald auf Kirchenkuppeln, Tempelportale, Treppenhäuser, Pyramidenschatten oder Vogelspuren im Sand richtete. Diese Bilder entstanden nicht mehr im Atelier als vorgeplante, arrangierte und nachbearbeitete Kunstwerke oder in Auseinandersetzung mit der Psyche eines Porträtkunden. Lee musste zunächst eine anstrengende, kräftezehrende, abenteuerliche und auch gefährliche Reise zum Motiv bewältigen. Dann zählte nur noch ihre Wahrnehmung. Landschaftsfotos als Auseinandersetzung mit sich selbst – Seelenlandschaften.

Doch weder die neue fotografische Herausforderung noch die Liebe ihres Mannes oder die Nähe ihres Bruders schenkten ihr ein erfülltes Leben. Am 23. April 1937 war sie dreißig Jahre alt geworden, ein paar Wochen später bestieg sie einen Dampfer nach Marseille und nahm von dort einen Zug nach Paris. Zum dritten Mal machte sie sich auf in die Stadt, nach der sie sich als Teenager gesehnt und in der sie als junge Frau nicht nur für ihre Schönheit gefeiert worden war, sondern auch erste beachtliche berufliche Erfolge als Fotografin erzielt hatte.

Eros, c'est la vie
Paris, Cornwall, Mougins, 1937

Paris im Frühsommer: kühle Farben, zarte Düfte. Lee Miller, befreit von der drückenden Hitze Kairos, der Langeweile, des auf sich selbst Zurückgeworfenseins, hat vermutlich die Arme weit ausgebreitet, den Kopf in den Nacken geworfen und dem zartblauen Himmel ihr hinreißendes Lächeln geschenkt. Sie befand sich am Ziel ihrer Wünsche, auch wenn sie nicht mehr in einem Künstleratelier wohnte, sondern nobel mit ihrer Zofe im Hôtel Prince de Galles. Nachdem sie alle vertrauten Wege abgegangen war, führte sie einige Telefonate, auch mit Man Ray, mit dem sie sich aussprach und versöhnte.

Eine neue Gemeinsamkeit fanden sie sofort in ihrer aktuellen Verachtung der kommerziellen Fotografie. Lee hatte 1936 ihrem Bruder geschrieben, es sei »die Hölle« gewesen, in New York als Fotografin zu arbeiten, und sich der künstlerischen Landschaftsfotografie zugewandt. Man Ray hatte seiner Schwester zur selben Zeit denselben Gedanken in einem Brief anvertraut. Wieder einmal fühlte er sich als Maler. Lee lernte auch seine aktuelle Lebensgefährtin und Muse kennen, die 1915 in Guadeloupe geborene Tänzerin Adrienne Fidelin.

Mochten Man Rays Konflikte und die Art, sie zu lösen, dieselben geblieben sein, neu war, dass im Paris des Jahres 1937 niemand die surrealistischen Künstlerinnen länger ignorieren konnte: Dora Maar war mit *Père Ubu*, dem Foto eines mysteriösen Tiers, ein ebenso sensationeller Erfolg gelungen wie Meret Oppenheim mit ihrer Pelztasse. Elsa Schiaparelli hatte gemeinsam mit Salvador Dalí den Surrealismus in der Mode etabliert und entwarf Kleider mit eckigen Schultern und schmalen Taillen in dem von ihm eigens für ihr Haus kreierten Shocking Pink, Hüte in Form von Schuhen oder Lammkoteletts.

Begonnen hatte dieser Aufbruch im Sommer 1936 in London, als Eileen Agar, Leonor Fini, Dora Maar und Meret Oppenheim an der *International Surrealist*

Exhibition teilnahmen und Sheila Legge sich mit einer Rosenmaske auf dem Kopf auf den Trafalgar Square stellte, um als *Surrealist Phantom of Sex Appeal* gewaltiges Aufsehen zu erregen. Der Surrealismus war damit erfolgreich in Großbritannien verankert, auch wenn das Publikum die Künstler belächelte bzw. verhöhnte. Aber das störte sie nicht, im Gegenteil, es gehörte zu ihrem Image. Und auch die Vereinigten Staaten konnten sie erobern: Das Museum of Modern Art in New York zeigte von Dezember 1936 bis Januar 1937 *Fantastic Art, Dada, Surrealism.*

Ihr New Yorker Galerist Julien Levy stellte Lee Miller auf einer Kostümparty den Kurator und Finanzier der Londoner Ausstellung und damit den Initiator dieser Erfolgsgeschichte für die Frauen vor: Roland Penrose, Brite, Kunstsammler, selbst als Künstler in vielen Medien tätig, seit 1922 in Frankreich, seit 1928 Surrealist, schmal, brünett, gut aussehend, Enkel von Baron Peckover, einem reichen Bankier, sieben Jahre älter als Lee und frisch von seiner Frau getrennt. Desmond Morris schreibt in *Das Leben der Surrealisten*: »Die surrealistische Bewegung wurde von ihm [Roland Penrose] so umfassend finanziert, dass man mit Fug und Recht behaupten könnte, dass sie ohne ihn vermutlich gescheitert wäre.«

Am Abend nach dem Ball trafen sich die beiden bei einem Essen im Atelier von Max Ernst wieder. Roland Penrose verehrte den Gründer der deutschen Dada-Gruppe in Köln, den Maler unbewusster Landschaften und strahlend farbiger Fabelwelten, über alle Maßen. Ernst hatte ihn mit verschiedenen malerischen Techniken vertraut gemacht, Penrose hatte von ihm Bilder gekauft, damit Ernst seinen Lebensunterhalt finanzieren konnte.

Lee und Roland Penrose wurden nach ihrer zweiten Begegnung ein Liebespaar. Gemeinsam genossen sie das Pariser Kulturleben. Sie blieb in Paris, als er mit Ernst nach London reiste und ihn in einer Werkschau dem britischen Publikum vorstellte. Dort traf der 46-jährige Max Ernst die britische surrealistische Malerin Leonora Carrington, zwanzig Jahre jung. Sie verliebten sich heftig ineinander und brannten nach Paris durch.

Lee reiste währenddessen mit Adrienne Fidelin und Man Ray in das Landhaus von Roland Penrose' Bruder in Cornwall und traf dort auf eine Gesellschaft gleichgesinnter Künstler. Die kompromisslos surrealistisch arbeitende Eileen Agar, als Tochter eines Schotten und einer Amerikanerin in Buenos Aires geboren, gehörte gemeinsam mit ihrem Liebhaber, dem ungarischen Schriftsteller Joseph Bard, zur London Group, einer Künstlergemeinschaft, die unabhängig von der konservativen Royal Academy of Arts ihre Bilder zeigte. Seit zwei Jahren schuf sie gemäß den Prinzipien des Zufalls Collagen aus Fundstücken. Als einzige Britin hatte sie auf der *International Surrealist Exhibition* drei Gemälde und fünf Objekte ausgestellt. Ebenfalls anwesend waren Paul Éluard und Nusch, sie hatten inzwischen geheiratet. Gemeinsam feierten sie jetzt den Sommer. Zahlreiche Schnappschüsse erzählen von unbeschwerten Tagen, dem Glück der Freundschaft und dem Zauber der Liebe.

Nachdem Roland Penrose sich zu der Gruppe gesellt hatte, malte er Lee zum ersten Mal mit einer schwarzen und einer weißen Taube in Händen, fasziniert von ihrem Temperament, das in Windeseile von überschäumender Fröhlichkeit in tiefe Betrübnis umschlagen konnte: *Day and Night*. Mit nacktem Oberkörper über den Balkon gebeugt oder sich die Nase an einer Fensterscheibe platt drückend, wirkt sie auf seinen Fotos ungezwungen, befreit. Eileen Agar erinnerte sich Jahrzehnte später, dass Lees Freizügigkeit zu einer heuchlerischen Aufregung der anwesenden Männer geführt habe. Lee fotografierte die britische Künstlerin, die ihre Freundin werden sollte, wie sie eine ihrer Keramikbüsten über ihren Kopf hält oder einen Schatten an die Wand wirft. Ambitionierte Aufnahmen, die sich von den bloßen Ferienfotos deutlich unterscheiden. Lees ferner Ehemann Aziz Eloui Bey fürchtete zu diesem Zeitpunkt bereits, er könnte sie verlieren, und schrieb: »Amüsiere Dich, Liebling, aber nicht zu sehr …«

Mitte August, Mougins, die kleine Stadt neun Kilometer nördlich von Cannes. Ein Himmel von nahezu ekstatischem Blau, kristallklares Wasser, eine Luft, die nach Thymian duftet, nach Zitronen, Tomaten. Lee schwamm im Meer, döste in der Sonne, lachte für die Kamera von einem Ohr bis zum anderen. Sie hielt sich mit Roland Penrose bei Pablo Picasso in Südfrankreich auf. Auch die Gefährten aus Cornwall hatten sich mit Ausnahme von Max und Leonora im kleinen Hotel Vaste Horizon einquartiert.

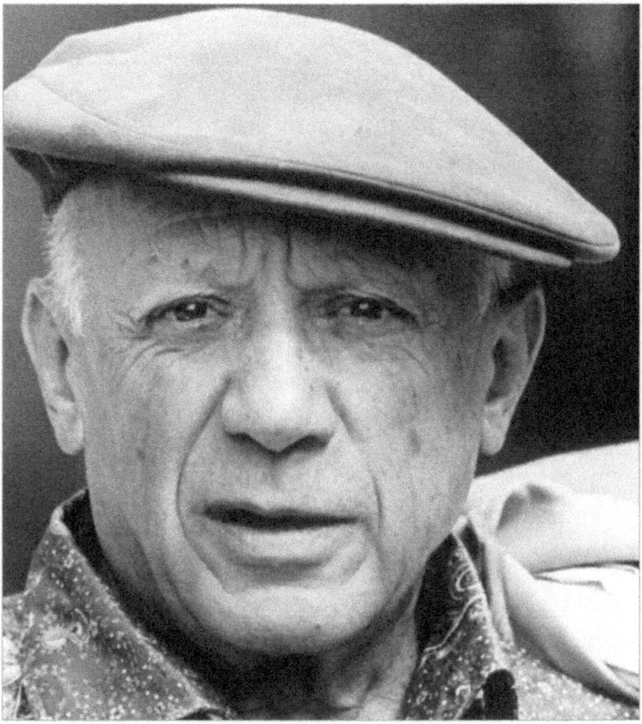

»Mir geht es um Ähnlichkeit, um eine tiefere Ähnlichkeit, die realer ist als die Realität und so das Surreale erreicht.«
Pablo Picasso, 1962

Die Surrealisten sahen in Picasso gerne den Übervater ihrer Bewegung, nachdem er 1917 ein Bühnenbild und einen Bühnenvorhang sowie die Kostüme für das Ballett *Parade* von Jean Cocteau gestaltet hatte, in dessen Programmheft der Begriff zum ersten Mal erschien, den Guillaume Apollinaire kurz danach auf Picassos Kunst anwendete. Picasso selbst bezeichnete sich niemals als Surrealisten, schon weil er als ausgeprägter Individualist nichts mit Bretons Manifesten und Reglementierungen anfangen konnte. Eine »tiefer reichende Ähnlichkeit, realer als real, die bis zum Surrealen reicht«, sollte Kunst aber auf jeden Fall haben. Vielleicht fand Penrose als Sohn eines Quäkers in dem sinnenfrohen katholischen Spanier auch persönlich eine Art ideale Vaterfigur. Beglückt hatte er ihn erstmals im letzten Sommer in Mougins getroffen, damals in Begleitung seiner Ehefrau Valentine, Französin und surrealistische Dichterin. Auch Paul und Nusch Éluard waren anwesend gewesen. Paul Éluard hatte Picasso Dora Maar vorgestellt, die dieser dann im Sommer in Südfrankreich bei Lise Deharme wiedertraf. Endlich getrennt von seiner russischen Ehefrau Olga Chochlowa, war er bereit für einen neuen Liebestaumel. Minotaurus begann Dora zu zeichnen, zu malen: als Vogel, als Nymphe, als Sphinx, mit Hörnern auf dem Kopf oder Blumen im Haar. Roland Penrose sollte in diesem Sommer die beiden legendär gewordenen Fotos des Paares schießen – im Meer stehend und auf einem Bootssteg sitzend.

Picassos Geliebte begegnete Lee Miller argwöhnisch, hatte diese doch eine fatale Ähnlichkeit mit

Marie-Thérèse Walter, der Frau, mit der Picasso eine leidenschaftliche Beziehung geführt hatte, die ihm eine Tochter geschenkt hatte, die immer noch Teil seines Lebens war, die er immer noch malte, trotz seiner Liebe zu Dora. Außerdem war Lee Fotografin, wie Dora, und die Fotografie ein aktueller Streitpunkt mit Picasso. Erzählte er ihr doch jeden Tag, Fotografieren sei nur eine inferiore Kunst, der Malerei weit unterlegen. Dora solle sich also lieber wieder an die Staffelei stellen, so wie sie es zu Beginn ihrer Ausbildung getan hatte. Und jetzt himmelte ihr Geliebter diese Frau an! Der Konflikt schien vorprogrammiert.

Lee dagegen blickte in ein gut geschnittenes Gesicht, in die oft beschriebenen magischen, nahezu schwarzen Augen, nahm den energiegeladenen Körper wahr, Beine, fest in den Boden gerammt, Arme, verschränkt vor dem Oberkörper – eine Haltung, die eigentlich Grenzen setzte und Abwehr signalisierte, wäre da nicht dieser siegesgewisse Charme gewesen.

Picasso konnte jederzeit über die Barrieren hinweglächeln, die er selbst aufbaute. Er liebte und verehrte schöne und kluge Frauen, sie bildeten das Zentrum seines malerischen Universums. Natürlich musste Lee ihm gefallen. Allerdings lag ein extrem anstrengendes Jahr hinter ihm, und er wollte keinen weiteren Konflikt mit Dora riskieren. Im Juli 1936 hatte der Spanische Bürgerkrieg begonnen. Am 26. April 1937 war die baskische Stadt Guernica von deutschen Flugzeugen bombardiert und zerstört worden. Zum ersten Mal in der Geschichte richtete sich ein Luftangriff ohne Vorwarnung gezielt gegen Zivilisten. Ein Schock für die Welt – und auch für Picasso, der im Winter 1936 den Auftrag der republikanischen Regierung für ein Wandbild im spanischen Pavillon der Weltausstellung übernommen hatte, ohne bislang daran gearbeitet zu haben. Drei Tage nach dem Angriff auf Guernica begann er mit seiner leidenschaftlichen Anklage. Ein Massaker mit Frauen als Opfer. Ein fast sakrales Bild. Dora Maar dokumentierte seine Arbeit mit der Kamera. Alle internationalen Kunstzeitschriften zeigten ihre Fotos. Im Juni vollendete Picasso das monumentale Werk. Die Weltausstellung eröffnete am 12. Juli 1937.

Am 1. August trugen die Pariser Künstler und Intellektuellen die 27 Jahre alte Gerda Taro zu Grabe. Die mutige junge Frau aus Stuttgart hatte gemeinsam mit ihrem Geliebten Robert Capa an der spanischen Front fotografiert, war am 25. Juli von einem republikanischen Panzer überrollt worden und in der Nacht darauf gestorben. Die Trauerfeier für die Pionierin der Kriegsfotografie geriet zum Bekenntnis gegen den Faschismus, Robert Capas später entstandenes Foto *The Falling Soldier* wurde zu einer Metapher des Kriegs, Kriegsfotografen zu Helden.

Unter seiner geliebten südlichen Sonne wünschte sich Picasso eine Zeit der Gespräche, der Freundschaft, Zeit zum Essen und Trinken, Lachen und Arbeiten. Launig porträtierte er Nusch, Paul, Adrienne. Fingerübungen in leuchtenden Farben nach dem Schwarz, Weiß und Grau von Guernica. Lee malte er sechs Mal. Das ausdrucksstärkste Porträt ist eine Meerfrau mit leuchtend blauem Gesicht vor blauem Hintergrund, im Vollprofil nach links, so wie auf unzähligen Fotos. Roland Penrose kaufte ihr Porträt in der Tracht der Frauen von Arles vor zartrosa Hintergrund und schenkte es ihr.

Man Ray hatte 1935 Éluards Gedichtband *Facile* mit Aktfotos von Nusch illustriert. Jetzt zeichnete er für dessen Gedichtsammlung *Les mains libres* und fotografierte zur Entspannung eine lachende Lee in einem Boot, mit nassem Haar und einem Tintenfisch in den Händen. Ein professionelles Porträt sollte er nicht mehr von ihr anfertigen. Tempi passati! Auch Lee selbst machte sich wieder auf Motivsuche. Sie fotografierte Penrose, Picasso, Nusch, Dora Maar sowie Adrienne und Man als verliebtes Paar, während das Laub eines kleinen Baumes Schatten auf sie wirft. Leben und Beruf, Liebe und Fotografie – endlich waren die beiden wichtigsten Pole ihrer Existenz wieder vereint. Sie sah, und sie wurde gesehen.

Auf der Île Sainte-Marguerite, zwei Kilometer südlich vor der Küste von Cannes, fanden Roland und Lee, Nusch und Paul, Adrienne und Man einen Tisch unter Bäumen, lagerten sich in ihrem Schatten und waren sich sehr wohl bewusst, dass sie als nur mit Bikinihöschen bekleidete Frauen und mit Hosen und Hemden voll bekleidete Männer gerade *Das Frühstück im Grünen* nachinszenierten, ein Bild von Eduard Manet aus dem Jahr 1863 mit einer nackten Frau zwischen zwei Herren im Anzug beim Picknick auf einer Wiese. Das Essen, die Frau, alles ist bereitet für die beiden, sie müssen nur zugreifen. André Breton hatte sich an das großformatige Skandalgemälde der Belle

Époque erinnert, als er Meret Oppenheims Pelztasse im Vorjahr *Frühstück im Pelz* nannte. Inzwischen stand sie als Ikone des Surrealismus im Museum of Modern Art, New York.

Für Nusch und Adrienne, selbst keine Künstlerinnen, mag das Rollenspiel der Muse selbstverständlich gewesen sein, für Lee bedeutete es aber ein deutliches Zugeständnis an die immer gleiche Erwartungshaltung der Surrealisten, von schönen Frauen inspiriert und verführt zu werden. Sie verrät mit ihrer Einwilligung in die Situation und der Übernahme der Musenrolle, wie groß ihr Wunsch nach einer erneuten Zugehörigkeit zur Pariser Künstlerfamilie war. Man Ray erkannte sie wohl kaum wieder. Er sitzt skeptisch da, während Roland Penrose die Szene fotografiert. Nusch und Lee posieren für den Briten später in leichten Kleidern träumerisch in der Sonne, Adrienne nackt vor einer verschwiegenen Grotte im Meer. Die selbstbewusste Eileen Agar ist nur selten auf den Fotos zu sehen, und wenn, dann in Hosen und Polopullover. Sie fixierte in diesem Sommer 1937 auf einer gewölbten und bemalten Korkplatte Fundstücke wie Fischgräten, Muscheln, Korallen. Prosaische Küchenabfälle oder geheimnisvoller Meeresboden – auf jeden Fall *Der festliche Hut zur Bouillabaisse.*

Mitte September bereitete Picasso seine Rückkehr nach Paris vor. Ein Abschiedsfoto von Roland Penrose zeigt ihn, Dora und Lee vor seinem großen Hispano Suiza. Picasso steht mit finsterem Blick in der geöffneten Autotür zwischen den beiden Frauen, eine Position, der er eigentlich viel abgewinnen konnte. Dora links von ihm wirkt wütend, Lee, rechts von ihm, steht groß und blond und schön in lässiger Cordhose da, das Haar mit einer Schleife zurückgebunden, lächelt, wie nur sie es konnte.

Vieles von dem, was Picasso in diesen Tagen am Meer erzählt hatte, über Guernica, den Krieg und seine Opfer, sollte sie nicht nur nie mehr vergessen, es trug fünf Jahre später vermutlich auch zu der Motivation bei, ihr Leben von Grund auf zu ändern. Im Moment des Abschieds aber widmete sie sich nur der Aufmerksamkeit und Bewunderung des Fotografen. Dann wurde es auch für sie Zeit, die Koffer zu packen und ein Schiff in Marseille zu besteigen, welches Kurs auf Ägypten nahm. Sie schrieb sehnsüchtige Briefe an Roland, bis das Schiff am 12. Oktober 1937 Alexandria erreichte. Dort angekommen, reiste sie mit Aziz und einigen Freunden nach Siwa, komponierte und fotografierte den symbolträchtigen Blick aus einem Zelt.

Kairo erschien ihr trotz des großen Begrüßungsfests zu ihren Ehren mit seinen gesellschaftlichen Verpflichtungen, der Langeweile und Passivität bald schlimmer als je zuvor. Da sie nicht immer in die Wüste fliehen konnte, blieb ihr als einzige Ablenkung, die feine Gesellschaft mit Geschichtchen über die Surrealisten zu schockieren, sie mit Picassos Porträt zu konfrontieren und Roland Penrose zu vermissen. Die beiden versicherten sich in ihren Briefen nicht nur ihrer Leidenschaft, sondern tauschten sich auch über mögliche künstlerische Projekte aus. Sollte das Leben

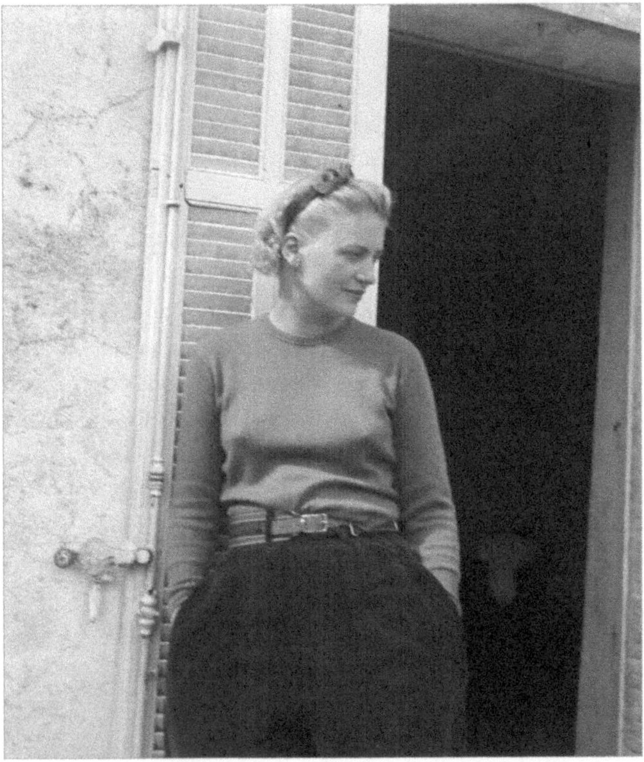

Der Sommer mit Picasso ging zu Ende:
Lee Miller im Hotel Vaste Horizon in Mougins,
fotografiert von Eileen Agar, September 1937

noch einmal so kreativ und anregend werden wie mit Man Ray, eine tiefe Liebe, nur ohne den quälenden Besitzanspruch? Das hatten sie sich zumindest versprochen.

Auch die Rahmenbedingungen für eine Künstlerin wie Lee waren zumindest vielversprechend, denn das Jahr 1938 sollte denkwürdig für die Surrealisten werden. In einer großen Ausstellung der Galerie des Beaux-Arts in Paris stand Dalís efeuumranktes *Regentaxi*. In Mexiko »entdeckte« André Breton Frida Kahlo als surrealistische Künstlerin. Die Amerikanerin Kay Sage schloss sich der Bewegung an. Leonor Fini organisierte eine Präsentation fantastischer Möbel in Paris, an der auch Meret Oppenheim und Max Ernst teilnahmen.

Lee hatte den Kontakt zu den Pariser Künstlern zwar wiederhergestellt, doch statt daran anzuknüpfen und sich erneut in Paris zu etablieren – schließlich hatte sie sowohl in New York als auch in Ägypten weiter fotografiert –, ließ sie im Juni 1938 ihren Packard auf ein Schiff verladen und traf sich mit Roland Penrose in Athen. Gemeinsam traten sie eine Reise an, über die er ein Buch schrieb: *The Road Is Wider Than Long*. In abgelegenen Dörfern, zwischen Weinbergen und Olivenhainen suchten sie eine Kultur, von der sie fürchteten, sie würde bald untergehen. Lee fotografierte Land und Leute, alte Bauersfrauen, voller Empathie und Wärme, ihr gelang vom ersten Bild an Reportage-Fotografie vom Feinsten. Immer bewahrte sie den Respekt vor den Menschen, niemals war ihre Kamera indiskret. Roland fotografierte vor allem Lee, wie sie mit den Menschen sprach, oder topless mit Strohhut oder auch nackt im Liegestuhl.

Beide genossen den maroden Charme Bukarests, bis Roland sich im September auf den Nachhauseweg machte. Lee bereiste mit dem Volkskundler Harry Brauner weiter Rumänien. Sie interessierten sich für das Leben der Roma, folgten ihnen von Lager zu Lager, dokumentierten magische Rituale, Hochzeiten und kauften Gegenstände der Volkskunst für Brauners Institut. Besonders berührt Lees Bild eines toten Kindes, beleuchtet von einer schwachen Lampe, bewacht von seiner Mutter. Lee zeigt nur deren Hände. Mit einem englischen Altertumsforscher fuhr sie im Oktober nach Beirut, von dort nach Damaskus, durch die Wüste zu den Ruinen von Palmyra und über Aleppo zurück nach Beirut. Dort angekommen, sah sie am 17. November 1938 in einem Brief an Aziz »keinen Ausweg mehr – keine Möglichkeit, weiter so zu tun, als gäbe es kein Problem«. Sie fürchtete sich vor möglichen Auseinandersetzungen, die einer Trennung vorausgehen würden, von der sie bereits wusste, dass sie unvermeidlich war. Was sie statt des Lebens an seiner Seite wollte? »Eine utopische Kombination aus Sicherheit und Freiheit, und emotional muss ich vollkommen in einer Arbeit oder der Liebe zu einem Mann aufgehen. Ich glaube, zuallererst muss ich mir Freiheit verschaffen.«

»Eine utopische Kombination aus Sicherheit und Freiheit« – dieser hier einmal deutlich formulierte Wunsch erklärt einerseits, warum sie Aziz geheiratet hatte, und markiert andererseits die beiden Pole, zwischen denen sich ihr Leben in den nächsten Jahren bewegen sollte.

Nach ihrer Rückkehr erzählte Lee Aziz von ihrer Affäre, behauptete aber auch, sie sei vorbei, kam ihren gesellschaftlichen Verpflichtungen nach und langweilte sich, bis Roland Penrose im Frühjahr 1939 überraschend in Ägypten eintraf. Gemeinsam mit Lees Schwägerin und ihrem Pariser Fotografenfreund Hoyningen-Huene unternahmen sie eine Exkursion nach Siwa. Nachdem ihr Geliebter nach England zurückgekehrt war, beschloss Lee im Juni, Ägypten zu verlassen. Die Freundschaft und Unterstützung von Aziz hatte sie sich bewahren können.

Roland Penrose empfing eine glückliche Lee in Southampton, sie zog in sein Haus in Hampstead, begrüßte Man Ray als Gast, schlenderte durch die Galerien, entdeckte das Land und fühlte sich entspannt, aller Verpflichtungen ledig. »Tatsächlich habe ich die Absicht, mich vollkommen unverantwortlich zu benehmen«, schrieb sie in einem Brief. Penrose malte Bilder, die *Good Shooting* und *Octavia* heißen und eine nackte Frau ohne Kopf in Fesseln zeigen, beziehungsweise den vom Betrachter abgewandten, abgetrennten und mit Metallspitzen bewehrten Oberkörper einer Frau, die auf ihren Händen wie eine Brücke in einer trostlos leeren Landschaft steht. Anders als in der Beziehung zu Man Ray reagierte Lee Miller künstlerisch nicht darauf. Stattdessen besuchte sie mit Roland Leonora Carrington und Max Ernst in deren Haus an der Ardèche. Der Garten, die Mauer, die Wände des Hauses, sein Inneres bevölkert von Fabelwesen aller

Art: Minotauren, Sirenen, Masken, Schutzgeister – ein surrealistisches Gesamtkunstwerk. Lee fotografierte das ungleiche Paar: Max sitzt aufrecht, mit strahlenden Augen, den Arm um ein dunkelhaariges Mädchen gelegt, das sich kleinmacht und unbestimmt lächelt. Ein paar Tage später fuhren Lee und Roland zu Picasso und Dora Maar nach Antibes. Picasso trafen sie in völlig veränderter Stimmung an. 1938 war seine Mutter gestorben. Mit der Eroberung Madrids im März 1939 und dem triumphalen Einzug Francos in der Hauptstadt war der Spanische Bürgerkrieg beendet, Picasso von Spanien endgültig abgeschnitten. Ein doppelter Verlust. Sein Agent Ambroise Vollard verunglückte im Juli desselben Jahres tödlich. Ehe er die Stadt verließ, malte er *Nächtlicher Fischfang in Antibes*, eine Ikone der klassischen Moderne. Und über allem hing der finstere Schatten des bevorstehenden Kriegs.

»Grim Glory«
London, 1939–1943

Am 1. September 1939 begann mit dem deutschen Überfall auf Polen der Zweite Weltkrieg. Am 10. Mai 1940 griff Hitler dann im Westen an. Einige Tage später erreichten die deutschen Panzer bei Abbeville die Kanalküste und schnitten die britischen Truppen von ihrem Nachschub ab. Der deutsche Sieg schien zum Greifen nah, doch mit seiner Rede *We Shall Fight on the Beaches* stimmte Churchill Anfang Juni

Parlament und Öffentlichkeit auf den bedingungslosen Widerstand ein.

Auch die Surrealisten, unter ihnen André Breton, Eileen Agar und Roland Penrose, riefen in ihrem von April 1938 bis Juni 1940 publizierten *London Bulletin* dazu auf, den Faschismus zu bekämpfen, wo immer er auftauchte. Am 13. August 1940 begann die »Luftschlacht um England«. Paris war bereits am 14. Juni kampflos gefallen, die französische Regierung unter Pétain hatte einen Waffenstillstandsvertrag unterzeichnet.

Lee Miller hatte, entgegen allen Ratschlägen von Freunden und Verwandten und der Aufforderung ihrer Botschaft, London nicht verlassen und begeisterte sich für Rolands neuestes »Abenteuer«, die London Gallery, ein Zentrum der surrealistischen Bewegung des Landes, konzipiert und finanziert von ihm, geleitet von dem belgischen Surrealisten Édouard Mesens. Das letzte surrealistische Bankett von Eileen Agar lag lange zurück, und die Londoner verkleideten ihre Fenster seit Monaten mit brauner Pappe. Zahlreiche Kunstwerke der London Gallery gingen bei einem Bombenangriff verloren. Ganze Straßenzüge lagen in Schutt und Asche. Die London Gallery war geschlossen, die verbliebenen Kunstwerke eingelagert. Roland Penrose engagierte sich beim Luftschutz. Lee begann unter der Chefredakteurin Audrey Withers für die britische *Vogue* zu fotografieren. Sie tat also genau das, was der Zeitgeist von den Frauen erwartete, und ersetzte Männer, die in den Krieg zogen.

Das glamouröse Modemagazin hatte in der britischen Ausgabe bei Kriegsbeginn verkündet, es sei sein ausdrückliches Ziel, die »Standards der Zivilisation aufrechtzuerhalten«, obwohl die Rationierung von Papier eine extreme Kürzung des Umfangs und eine limitierte Auflage erzwang und alle Hefte per Post an Abonnementkunden gingen. Audrey Withers, nur zwei Jahre älter als Lee, wollte in einer von Männern dominierten Welt und im Ausnahmezustand des Kriegs in dieser bislang der gehobenen Mittelklasse und Upperclass vorbehaltenen Zeitschrift ein modernes Frauenbild propagieren, das auf der Leistung der Frauen basierte, nicht auf deren sozialer Herkunft. Außerdem stand sie vor der Aufgabe, Mode und Eleganz im Stil der *Vogue* zu vermitteln, trotz Einfuhrbeschränkungen und Rationierungen.

Lee stellte ein Model im Badeanzug mit Taucherbrille auf dem Gesicht und einem aufblasbaren Delfin wie ein Versprechen auf andere Zeiten ins Studio – irgendwie surrealistisch – oder fotografierte Schuhe, Handtaschen und Handschuhe in Serie. Für Letzteres brachte sie – anders als für ihre aufwendigen Produktfotos in New York – wenig Begeisterung auf, und die amerikanische Redaktion kritisierte die Bilder als leblos. Edna Woolman Chase und Condé Nast blickten dabei wohl neidisch auf die dynamischen, von der Straßen- und Sportfotografie beeinflussten Modefotos, die der Ungar Martin Mukácsi in Zusammenarbeit mit Carmel Snow für die Konkurrenz von *Harper's Bazaar* umsetzte.

Lee reagierte auf die Kritik mit einer ganz speziellen Art von Porträtfotografie und ließ für »British Women

Under Fire« in der US-amerikanischen *Vogue* im Mai 1941 schöne junge Frauen mit Feuerschutzmasken auf den Gesichtern in Luftschutzbunker steigen. Sorgfältig geschminkte Lippen kontrastieren zu verborgenen Augen und erzeugen einen gefährlichen Glamour. Fast sieht es aus, als gingen sie zu einem Maskenball.

Dann beauftragte Audrey Withers Lee Miller damit, für die britische *Vogue* Outfits von Fabrikarbeiterinnen aufzunehmen, die diese in der gehobenen Gesellschaft verpönte Arbeit nobilitierten und darauf hinwiesen, wie wichtig sie zum Beispiel in der Rüstungsindustrie in Kriegszeiten geworden war. Die Models schützen ihre Haare mit einem zum Turban geknoteten Tuch, setzen sich Schildmützen auf, tragen derbe Schuhe und cremen sich die Hände ein. Lee ließ sie in weiten Overalls mit den Händen in den Hüften oder mit dem Rücken zur Kamera posieren, die Beine breit, die Füße fest auf dem Boden. Mit leichter Hand kombinierte sie die scheinbar so weit auseinanderliegenden Themen Krieg und Kleidung; neu und auch ein wenig provokant. Ihre Bilder erschienen im Juni 1941 in dem Artikel »Fashions for Factories«.

Im November zeigte *Vogue* nicht nur Lees Fotos von Pelzjacken und Pelzmänteln, ironisch inszeniert mit riesigen Stofftieren, sondern auch die Zerstörung ihres Musterhauses. Der Krieg war im Alltag einer luxuriösen Modezeitschrift angekommen und bedrohte deren Existenz. Lee Miller ging mit ihrer Rolleiflex durch die zerstörte Stadt. Schäden an Gotteshäusern wie der St. James's Church auf dem Piccadilly sind häufig formulierte Anklagemotive in der Kriegsfotografie.

Wenn Lee Miller jedoch den Blick durch ein Fenster mit zur Seite geschobener Gardine auf die Ruinen eines Wohnhauses nutzt, zitiert sie damit nicht nur ihr *Portrait of Space*, 1937 in Siwa fotografiert, sondern formuliert die Gefährdung menschlichen Lebens schlechthin.

Hatte sie bei ihren surrealistischen Bildern in Paris gezeigt, dass die Welt auf dem Kopf stand, wies sie jetzt mit ihren »zufällig gefundenen« Fotos darauf hin, dass der sichtbaren Zerstörung noch eine viel tiefere Bedeutung innewohnte. Die demolierte Schreibmaschine auf *Remington Silent* symbolisiert die Bedrohung jeglicher Kultur durch den Krieg. Zwei vor einem riesigen Sperrballon auf der Wiese im Hyde Park stehende Gänse, durch einen Stacheldraht im Vordergrund gesehen, verkörpern dessen ganze Absurdität. Die Bildunterschrift behauptet: »Diese Gänse haben ein silbernes Ei gelegt.« Eine weibliche Statue liegt auf dem Boden, die Kehle wirkt wie durchtrennt von einer Metallstange, ein vom Körper getrennter Kopf, wie ihn Man Ray und Lee Miller häufig auf Fotos inszeniert hatten: *Revenge on Culture* (*Rache an der Kultur*). Diese Bildmetaphern erschienen unter dem Titel *Grim Glory. Pictures of Britain under Fire*, London und New York 1941. Die Texte von Ernestine Carter und Edward R. Murrow beteuerten, adressiert an das noch im Frieden lebende amerikanische Publikum, es seien »Bilder von einer Qualität, die leicht zu bewundern, aber sehr schwer zu verstehen ist.« Sie sollten Mut machen, feierten sie doch den legendären Humor der Briten sowie ihre Tapferkeit, erlaubten aber auch eine ästhetische Distanzierung. Das Metropolitan Museum of Modern Art in New York zeigte einige Fotos von Lee, darunter das mit den Gänsen, von Mai bis September 1941 in der Ausstellung *Britain at War*. Danach waren Lee Millers Arbeiten bis 1955 nicht mehr in der Öffentlichkeit zu sehen.

Ihren Eltern vertraute sie später in einem Brief an, der Luftkrieg sei »eine wahre dreimonatige nächtliche Hölle« gewesen. Tagsüber habe jeder versucht, irgendwie zur Arbeit zu kommen, um zu sehen, ob alle überlebt hatten. »Es wurde zu einer Art Ehrensache, dass die Arbeit weiterging.« Die Ausnahmesituation erlaubte Lee Miller eine starke Identifikation mit dem, was sie tat. Wie auf ihren Fotos hatte alles einen tieferen Sinn bekommen. Dennoch mutmaßte sie im Januar 1942, es könnte verrückt erscheinen, weiter für so ein »frivoles Blatt« wie die *Vogue* zu arbeiten.

Die USA traten nach Japans Angriff auf Pearl Harbor im Dezember 1941 in den Krieg ein. Lee Miller lernte die amerikanischen Fotografen von *Time*, *Life* und *Collier's* kennen: David E. Scherman, Mary Welsh, Robert Capa, Martha Gellhorn und Margaret Bourke-White. Letztere hatte in den letzten zehn Jahren ihre Karriere als Architekturfotografin energisch verfolgt. 1936 gehörte sie zu den Gründungsmitgliedern von *Life* und lieferte ein Architekturfoto für dessen erstes Titelblatt. Neben Walker Evans und Eugene Smith zählte sie zu den Pionieren des Fotoessays. Zweifellos war sie ein Vorbild für Lee, die die amerikanische

Kollegin 1942 für die britische *Vogue* fotografieren sollte.

Zwischen Lee Miller und David Scherman entwickelte sich ein persönliches Verhältnis. Da sie und Roland Penrose sich völlige Freiheit in sexueller Hinsicht zugesichert hatten, zog er zu ihnen nach Hampstead, bewunderte in seinem jugendlichen Elan das kultivierte Ambiente mit der Sammlung moderner Kunst an den Wänden und genoss es, dass sich allabendlich die interessantesten Leute dort zum Feiern einfanden. Bei Luftalarm konnten sich alle in den Bunker zurückziehen, den Roland im Garten angelegt hatte. Nachdem ihr Londoner Hotel durch eine Bombe zerstört worden war, kam Valentine, Rolands geschiedene Frau, zu dem Trio hinzu. Fotos zeigen ein friedliches Zusammenleben der vier. Eifersucht wie bei Man Ray scheint es tatsächlich nicht gegeben zu haben.

Seit 1942 verboten diverse Verordnungen britischen Designern wie Victor Stiebel, Digby Morton oder Hardy Amies Spitze, Samt, Mehrfachfalten, Ärmelaufschläge und Knöpfe aus Metall. Ratgeberhefte halfen den Frauen beim Ausbessern ihrer Kleidung. Auf Lees Fotos rekeln sich Models mit hochgetürmten Frisuren in geblümten Sesseln oder posieren in maskulin wirkenden Kostümen und mit Federn bewehrten Hüten auf der Straße. Eine Serie solarisierter Fotos mit dem Thema Korsetterie setzt sich mit künstlerischem Touch schließlich souverän über alle Einschränkungen hinweg und erinnert an Lees Pariser

Jahre mit Man Ray. Condé Nast lobte ihre »lebendigen« Modefotos in seinem letzten Brief im August 1942: »Du hast es geschafft, ein paar der tödlichsten Studiosituationen so zu handhaben, dass sie wie spontane Schnappschüsse im Freien wirken.« Einen Monat später starb der Mann, der das »Gesicht einer Generation« einst auf der Straße in Manhattan vor einem Auto gerettet hatte.

Um Leserinnen der *Vogue* für die Heimatfront zu gewinnen, besuchte Lee das *Women's Home Defence Corps* und britische Marinehelferinnen in Schottland. Sie machte Fotos von Frauen mit Gewehren und Frauen, die Fallschirme zusammenrollten. Sie brannte darauf, sich akkreditieren zu lassen. Ihr fotografischer Entdecker Edward Steichen hatte sich bereits 1941 – wie schon während des Ersten Weltkriegs – freiwillig zum Einsatz als Leiter der Fotoabteilung der US Navy im Pazifik gemeldet. Erst nachdem das Kriegsgeschehen sich zugunsten der USA und Großbritanniens gewendet hatte, wurde Lee Miller am 30. Dezember 1942 als Korrespondentin der US-Armee für *Vogue* im Rang eines Offiziers in die 83. Infanteriedivision aufgenommen und durfte an vorher abgesprochenen Orten fotografieren. Eine Gruppenaufnahme versammelt sie mit ihren Kolleginnen in Uniform, Lee Miller sitzt als Einzige mit perfekt untergeschlagenen Beinen da, wie ein Model eben.

Im Mai 1943 dokumentierte Lee die Arbeit von amerikanischen Armeekrankenschwestern und setzte im Folgemonat Frauen mit dramatischen Nachtaufnahmen beim Luftschutz in Szene. Beflügelt von dem, was sie tat, kämpfte sie mit viel Energie um die Anerkennung dieser Leistungen und erreichte, dass die Fotos unter ihrem Namen gedruckt wurden. Das war ein äußerst wichtiger Schritt für die Außenwahrnehmung und Akzeptanz ihrer Arbeit, über den sie im Oktober 1943 ihre Eltern informierte.

Roland Penrose unterrichtete unterdessen Soldaten in Tarnung und leitete seine Übungen mit einem Farbfoto ein, das David Scherman von einer unbekleideten Lee, ganz grün bemalt, unter einem Tarnnetz gemacht hatte. Valentine Penrose hatte sich den Freien Französischen Streitkräften unter Charles de Gaulle angeschlossen.

An der Front
Frankreich, 1944–1945

Ab 1944 erschienen in der britischen *Vogue* jeden Monat fünf oder sechs mehrseitige Artikel mit Lees Bildern, darunter vereinzelt auch Farbfotografien. Nach der Landung der Alliierten in der Normandie am 6. Juni 1944, dem größten Aufgebot an Schiffen, Jagdflugzeugen, schweren und leichten Bombern im bisherigen Kriegsgeschehen sowie über 300 000 Soldaten, die Landungsköpfe in den von den Deutschen besetzten Küstenstreifen bildeten und von dort ins Landesinnere vordrangen, überredete Lee Audrey Withers, sie in die Feldlazarette zu entsenden, um über Krankenschwestern im Kriegseinsatz zu berichten. Damit folgte sie ihrer 83. Infanteriedivision, blieb allerdings nicht,

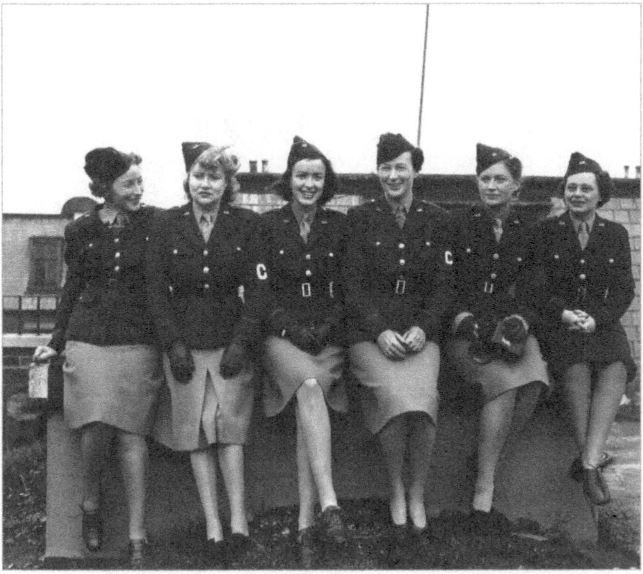

Kriegsberichterstatterinnen der U.S. Armee,
zweite von rechts: Lee Miller

wie abgesprochen, in dem Krankenhaus, sondern arbeitete sich bis zu Versorgungsstationen für Verwundete an vorderster Front am Omaha Beach vor. Die ersten Fotos der unmittelbaren Landung alliierter Truppen, voller Dramatik, zwischen Euphorie und Verzweiflung, hatte Robert Capa geschossen. Der ungarische Fotograf, seit seinen Aufnahmen aus dem Spanischen Bürgerkrieg eine Berühmtheit, war schon mit den ersten Soldaten an Land gegangen und fotografierte die nachfolgenden von vorne. Ein Held unter Helden.

Als Lee Miller wenige Tage später nach London zurückkehrte, hatte sie 35 Filmrollen im Gepäck und ca. 10 000 Wörter geschrieben, obwohl ihr das sehr schwerfiel. Sie strebte damit die Deutungshoheit über ihre Bilder an, die sie ab jetzt mit höchst subjektiven, emotionalen Texten begleitete und sich so das Genre Fotoessay eroberte.

Die Redaktionen in London und New York zeigten sich begeistert, brachten ihre Reportage allerdings erst mit dreimonatiger Verspätung in der September-Ausgabe. Für das US-Cover hatte Cecil Beaton eine Frau im schmalen blauen Kostüm fotografiert, daneben wird an erster Stelle Lees Beitrag genannt: »USA Tent Hospital ... in France« – »Amerikanisches Zelthospital ... in Frankreich«. Im Innenteil sind die Fotos groß gezogen. Sie entsprachen ganz den Erwartungen eines vorwiegend weiblichen Publikums: ein Soldat, Opfer stärkster Verbrennungen, Gesicht und Körper bandagiert, von Lee leicht unscharf wiedergegeben. Auch die Erstversorgung von Soldaten und eine Operation fotografierte sie aus der Distanz. Die Sanitäter und Ärzte sind abgewandt, sie verrichten ungestört ihre wichtige Arbeit. Lee Miller selbst ist mit einem Porträtfoto in Uniform und einem speziell zum Fotografieren geeigneten Helm präsent. Die britische *Vogue* überschrieb ihren Beitrag: »Unarmed Warriors« – »Unbewaffnete Krieger«. Audrey Withers hielt es für einen gelungenen Coup. »Wir waren die letzten Menschen, von denen man einen solchen Artikel erwartete, er schien so unvereinbar mit unseren sonstigen Hochglanzseiten voller Mode.«

Lee Miller selbst wollte nichts lieber, als zu den »boys« gehören. Mehrfach betonte sie, wie sehr diese ihre Arbeit akzeptierten: »Hey Lady. Mach ein Bild von mir und bring es in der Zeitung.« David Scherman erinnerte sich nur zu gern an ihr verändertes Erscheinungsbild mit Armeeboots, Cargohosen, dicken Strick- und Drillichjacken. Meistens habe sie ausgesehen wie ein ungemachtes Bett.

Am 13. August 1944 sah Lee Miller mit eigenen Augen, dass die Kämpfe um die seit Jahrhunderten stark befestigte bretonische Küstenstadt Saint Malo, Teil des deutschen Atlantikwall-Programms und ein Zentrum der Résistance, nach zehn Tagen immer noch anhielten. Sie war wieder bei »ihrer« 83. Infanteriedivision, die mit den Einheiten der freien französischen und der britischen Streitkräfte gegen die deutsche Garnison kämpfte, und fand eine bereits stark bombardierte Stadt und einen von den Deutschen gesprengten Hafen vor. »Ich hatte meine Kleider am Leib, ein paar Dutzend Filme und eine Daunendecke.

Ich war die einzige Fotografin im Umkreis von Meilen. Und ich hatte meinen eigenen Krieg.«

Am 14. August griff das 330. Infanterieregiment Saint Malo mit intensivem Artilleriebeschuss unter einer Nebelwand an. Weitere Artillerie und Flugzeuge konzentrierten sich auf die Zitadelle. Lee Miller suchte zwischen toten deutschen Soldaten Schutz in einem Schützengraben und fotografierte von der Stadt aus die Eroberung der Zitadelle durch das Abwerfen von Sprengbomben. Letztendlich ergaben sich die Deutschen. Offiziere und Soldaten räumten die Zitadelle.

Fotografiert hatte Lee wieder mit ihrer Rolleiflex aus Pariser Tagen, die weder über Teleobjektiv noch automatischen Filmtransport oder eingebauten Belichtungsmesser verfügte. Außerdem hatte ein Film nur zwölf Aufnahmen. Um den Erschwernissen vor Ort gerecht zu werden, nahm sie eine zweite Kamera hinzu. Ihre Filme schickte sie inzwischen meist unentwickelt nach London. Sie hatte keine Möglichkeit, die Negative zu bearbeiten, konnte also keine Entscheidung über die Bildausschnitte fällen und vor allem keine Bildauswahl vornehmen.

Dieses Mal war Lee in die Kampfzone vorgestoßen und hatte so die Regeln ihrer Akkreditierung verletzt, daher brachte man sie nach Rennes und stellte sie unter Arrest. Lee nutzte die Zeit und schrieb ihren Artikel. Erst in der Oktober-Ausgabe 1944 der amerikanischen *Vogue* erschienen das Foto der bombardierten Zitadelle und das von Lee Miller mit vier GIs »in vorderster Front« unter dem Sammeltitel »France free again«. Die britische Ausgabe wählte unter dem Titel »St. Malo« ebenfalls ihren Blick auf die Zitadelle und ein Foto von Lee zwischen zwei Soldaten. Der Text weist sie als die einzige Reporterin und Fotografin vor Ort aus. Aber es ist in beiden Zeitschriften ein Rückblick auf ein drei Monate zurückliegendes Ereignis, das die Amerikaner nicht als Erfolg verbuchen konnten. Zum Zeitpunkt der Veröffentlichung waren britische Fallschirmjäger in Arnheim gelandet, Brüssel und Antwerpen waren befreit, ebenso wie die französische Hauptstadt.

Paris erwachte am 25. August 1944 von Schusswaffenlärm und Geschützfeuer. Ein Fieber der Erregung jagte durch die Stadt, als die Menschen erkannten, dass der Tag der Befreiung endlich da war. Sie fielen sich in die Arme angesichts des Siegs, feierten die Kämpfer der Résistance und die alliierten Truppen, rissen die Hakenkreuzfahnen von den Gebäuden und die deutschen Straßenschilder aus den Verankerungen. Charles de Gaulle führte ein triumphales Defilee über die Champs-Élysées an.

Als Lee Miller, behindert durch den Arrest, zwei Tage später in der Stadt eintraf und sich im Hôtel Le Scribe einrichtete, lief der Wettlauf der Fotografen um die besten Bilder bereits auf Hochtouren. Ihr Auftrag war es, den Neustart der Pariser *Vogue* und deren Herausgeber Michel de Brunhoff recherchemäßig und redaktionell zu unterstützen. Doch sie liebte die Stadt, ließ sich von den Ereignissen treiben und wusste, sie erlebte etwas Einmaliges.

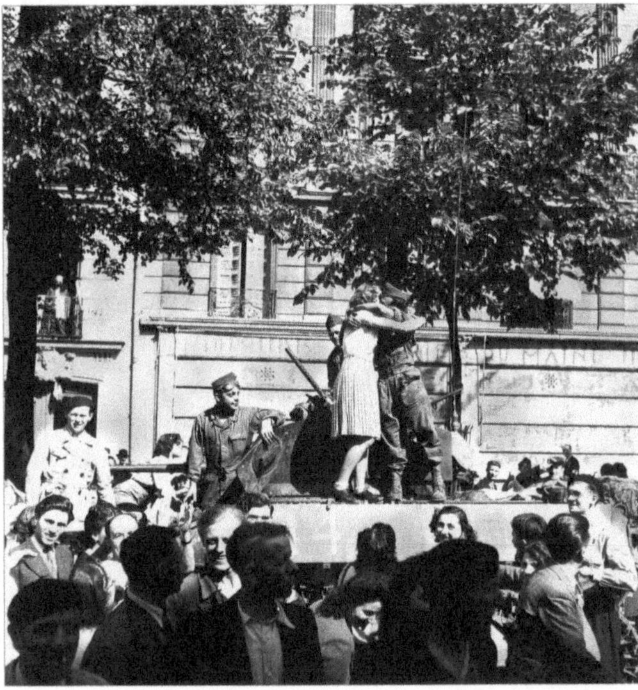

Am 25. August 1944 feierten Franzosen und Amerikaner die Befreiung von Paris

Als Erstes suchte sie alte Freunde, von denen allerdings manche nicht mehr in der Stadt weilten. Man Ray hatte sich während der Besatzungszeit mangels Fotoaufträgen wieder der Malerei zugewandt. Eine gemeinsame Flucht mit seiner Lebensgefährtin Adrienne Fidelin war im Sande verlaufen, doch nach ersten Erfahrungen mit den deutschen Besatzern fasste er erneut den Plan, die Stadt, das Land und den Kontinent zu verlassen. Er lagerte seine Bilder bei seinem Farbenhändler ein und erteilte ihm eine Generalvollmacht über seinen Besitz. Als Adrienne in letzter Sekunde nicht in den Zug an die spanische Grenze steigen wollte, machte er sich 1940 allein auf die Reise, gelangte nach Lissabon und per Schiff nach New York. Dort angekommen, hatte er keinen Plan für seine Zukunft: »Ich würde mich verstecken, so dachte ich, bis ich in meine gewohnte Umgebung zurückkehren konnte, zu dem leichten, angenehmen Leben von Paris.« Dann traf er in Hollywood die 1911 geborene Tänzerin Juliet Browner, die ihn und sein Werk kannte und schätzte. Die beiden wurden ein Paar. »Nun hatte ich wieder alles beisammen, eine Frau, ein Atelier, ein Auto«, schrieb er in seiner Autobiografie.

Max Ernst war zu Beginn des Kriegs in Frankreich mehrfach interniert worden und emigrierte 1941 mit Peggy Guggenheim, die ihn finanziell unterstützte, in die USA, wo die beiden sich in eine turbulente Ehe stürzten. Seine geschiedene Frau Marie-Berthe Aurenche hatte 1940 eine Beziehung mit dem Maler Chaim Soutine begonnen, wegen dessen jüdischer Abstammung sie im Sommer 1941 aus dem besetzten

Paris in ein Bauernhaus an der Loire geflohen waren. 1943 war Soutine in einem Pariser Krankenhaus gestorben. Marie-Berthes Spur verliert sich, bis sie Ende der Fünfzigerjahre Max Ernst dazu aufforderte, seinen Ehepflichten nachzukommen, und dieser die verlorenen Scheidungspapiere von 1936 durch einen Juristen suchen ließ. Kurz danach beging die von den Surrealisten in Paris umschwärmte kapriziöse »Kindfrau« Selbstmord.

Picasso hatte 1940 in Royan Bilder einer sich kämmenden Frau gemalt. Als die Deutschen Paris erobert und drei Fünftel des Landes besetzt hatten, kehrte er mit Dora Maar in die Hauptstadt zurück. Er zog in sein Atelier, seine Bilder lagerten in der Stahlkammer einer Pariser Bank. Daniel-Henry Kahnweiler versteckte sich in Paris, Paul Rosenberg brachte sich in New York in Sicherheit, Picasso selbst durfte die Stadt nicht mehr verlassen. 1943 lernte er die 21-jährige Françoise Gilot kennen. Die Beziehung zu Dora Maar zerbrach. Während des Pariser Aufstands 1944 suchte Picasso Zuflucht bei Marie-Thérèse Walter. Am Ende der Okkupationszeit hatte er 3000 Bilder gemalt. Jedes erzähle vom Krieg, sagte er später, trat in die Kommunistische Partei Frankreichs ein und blieb Zeit seines Lebens deren Mitglied.

In der fünften Etage des herrschaftlichen Hauses in der Rue des Grands Augustins aus dem 17. Jahrhundert hing ein Zettel mit der in Blau notierten Botschaft »ICI« an der Tür. »Hier.« Picasso begrüßte Lee herzlich in seinem Atelier, legte seine Hand in ihren Nacken und blickte zu ihr auf. Die britische und die amerikanische

Vogue veröffentlichten das von Lee Miller mit Selbstauslöser aufgenommene Foto, das vermutlich erst bei ihrer zweiten Begegnung wenige Tage später entstanden war. Außerdem schoss Lee eine ganze Serie von Picasso mit dem überlebensgroßen Gipsabguss von *Mann mit Schaf* (1943). Die Umkehrung des Motivs vom guten Hirten zeigt einen Mann, der ein sich sträubendes Lamm zur Schlachtbank trägt und als Picassos Kommentar zu den Judenverfolgungen in Paris interpretiert wird.

Paul Éluard fand Lee telefonierend im Hinterzimmer einer kleinen Buchhandlung vor. »Er begriff nicht, wer da in das düstere kleine Gelass gekommen war, und machte [...] Zeichen, still zu sein.« Die letzten Jahre in Paris waren für ihn, seine Tochter Cécile und Nusch lebensgefährlich gewesen. Wegen seiner Hinwendung zum Stalinismus war er aus der Gruppe der Surrealisten und aus der Kommunistischen Partei Frankreichs ausgetreten. Nach dem Einmarsch der Wehrmacht ging er in den Untergrund und engagierte sich in der Résistance. 1942 trat er wieder in die KPF ein und fand dort breite Anerkennung als Dichter. Nusch hatte seine kaum handtellergroße, 28 Seiten umfassende Gedichtsammlung *Poésie est verité* – ein Schrei der Empörung gegen die deutsche Besatzung, der Titel in ironischem Bezug zu Goethes *Dichtung und Wahrheit* – in Bonbonnieren und Hutschachteln verteilt. Englische Flugzeuge warfen sein Gedicht *Liberté* (*Freiheit*) über dem besetzten Frankreich ab. Das Ehepaar war achtmal umgezogen, um sich dem Zugriff der Gestapo zu entziehen. Am

28. November 1946 sollte Nusch Éluard, die Lee bei ihrem Wiedersehen als blass, dünn und schwach beschrieb, in Paris als Folge eines Schlaganfalls auf der Straße zusammenbrechen und sterben.

Über Jean Cocteau schrieb Lee an Audrey Withers: »Wir fielen einander in die Arme.« Sie konnte ihn zwar hochheben, so dünn war er geworden, dennoch erschien er ihr jünger und wohler auszusehen als vor dem Krieg. Also stellte sie ihr Objektiv scharf und fotografierte ihn elegant und lässig in einem Säulengang.

Roland Penrose kam nach Paris nach und erlebte eine energische Offizierin, die sich wieder der Armee anschließen wollte. Im Hotelzimmer neben dem ihren hatte sich inzwischen David Scherman einquartiert. Roland nahm wahr, dass aus der Londoner Menage à trois ein enges Vertrauensverhältnis zwischen ihr und David entstanden war. Sie teilten die täglichen Gefahren, arbeiteten zusammen, unterstützten sich, verließen sich unbedingt aufeinander und teilten Momente der Niedergeschlagenheit und Erschöpfung wohl ebenso wie die Euphorie über ein gutes Bild. Penrose muss sich an den Rand gedrängt gefühlt haben.

Ein Gruppenfoto aus dem September 1944, aufgenommen in Picassos Atelier, zeigt Lee Miller und Roland Penrose in Uniform, dicht beieinander, mit Abstand daneben der Dichter Louis Aragon. Vorne sitzen in ziviler Kleidung Picasso, Nusch und Paul Éluard sowie die Schriftstellerin Elsa Triolet. Jeder blickt stumm in eine andere Richtung, als hätten sie nichts mehr gemein, als wären sie nie Freunde und Künstler mit denselben Überzeugungen gewesen. Waren sie jetzt Befreier und Befreite? Sieger und Verlierer? Der arkadische Sommer 1937 in Mougins schien mehr als ein Menschenleben entfernt.

Jahrelang hatte die deutsche Propaganda verkündet, Paris als Zentrum der Mode sei tot. Doch die Französinnen hatten sich die ganze Okkupationszeit hindurch gegen die Normen der Besatzer gewehrt, indem sie sich mit Augenbrauenstiften Linien auf die Waden malten, um Strümpfe vorzutäuschen, hohe Plateausohlen aus Holz trugen, sich anstelle von Dauerwelle oder Haarfarbe ein buntes Tuch um den Kopf knoteten und keinesfalls enge Röcke und breite Schultern trugen, sondern schmale Taille und möglichst viel Stoff auf den Hüften, eine Mode, auf die Christian Dior mit seinem New Look 1947 aufbauen sollte. Inzwischen eröffneten die Couturiers ihre Salons wieder, und die ganze Welt fieberte ihren »befreiten« Kreationen entgegen. Lee schrieb für die *Vogue* ausführlich darüber. Carmel Snow, Chefredakteurin von der Konkurrenz *Harper's Bazaar*, tat genau das Gleiche und setzte dabei auf Fotos von Henri Cartier-Bresson, der sich nach drei Jahren Kriegsgefangenschaft und einem geglückten Fluchtversuch einer Gruppe von Fotografen der Résistance angeschlossen und den deutschen Rückzug fotografiert hatte.

Lee Miller hatte 1930 selbst in Haute-Couture-Kleidern für die *Vogue* Modell gestanden und sich und andere junge Frauen dafür fotografisch in Szene gesetzt. Die Redaktionen wollten jetzt wissen: Warum verwendeten die Franzosen so provokant viel Stoff?

Lee antwortete geduldig, die Zeiten der Frivolität seien vorbei, die Mode ein Wirtschaftsfaktor, die Mannequins hart arbeitende Frauen, die Bedingungen für die Aufnahmen denkbar schwierig, entsprechend zeigen ihre Fotos Mädchen, die sich auf dem Boden liegend und Zeitung lesend vor der Show ausruhten, oder Angehörige der US-Armee, die in einem Modesalon den Stoff eines Kleides begutachteten. Sie wollte eine Identifikation ihrer Leserinnen mit den energischen, selbstbewussten und durchhaltewilligen Frauen in Paris, nicht ein »Wie drapiere ich meinen Rock nach dem dernier crie?« Die entsprechenden Bilder wurden nicht publiziert. Edna Woolman Chase disqualifizierte sie in New York als »Schnappschüsse«, verlangte elegantere, »gebildetere« Models sowie bessere Zeichnungen, schließlich habe die *Vogue* den Ruf unangreifbarer Eleganz zu verteidigen.

Deren britische Ausgabe titelte im Oktober 1944: »Paris ... its joy ... its spirit ... its privations« – »Paris ... seine Freude ... sein Geist ... seine Entbehrungen«. Auf Lees ganzseitigem Foto muss man das kleine Model auf der Place de la Concorde wie auf einem Wimmelbild suchen. Erst 1945 sollte auch sie Haute Couture an verschiedenen berühmten Orten der Stadt fotografieren.

Die US-*Vogue* zeigte am 15. Oktober 1944 unter dem Sammeltitel »France free again« nicht nur Lee Millers Bilder aus Saint Malo, sondern auch den Street Style junger Pariserinnen mit weiten Röcken und wehenden Haaren auf Fahrrädern, manchmal im Flirt mit GIs. Benoîte Groult beschreibt in *Leben will ich* diese Mädchen. Sie war selbst eines von ihnen. »Ich sehe noch, wie du dein blaues Fahrrad an den Gittern des Crillon befestigst. Ich erinnere mich sogar an das Kleid, das du an diesem Abend trugst ... dunkelblau mit weißem Muster, ein schlichtes dummes, weil es eine richtige Taille hatte, Abnäher am Busen, einen ganz banalen Schnitt ... Als du das Hotel betratst, hast du den üblichen Rundblick auf die anwesenden Offiziere geworfen ... Natürlich hast du gleich einen Schönen bemerkt, der einen Kopf größer war als alle anderen ...«

Für die *Vogue* London, Ausgabe November 1944, schilderte Lee sowohl die Härten der Besatzungszeit wie auch die aktuell katastrophale Versorgungslage: »The way things are in Paris« – »Wie sich die Dinge in Paris verhalten«. Eine junge Frau kocht sich auf ihrem Balkon mit einem Behelfsherd ihr Essen, Männer strampeln auf Fahrrädern, um die Stromversorgung zu gewährleisten. Aber die Fotografin beschwor auch das unzerstörbare Flair der Stadt mit den Bouquinisten an der Seine, den Blumenmärkten und inszenierte eine kleine Liebeserklärung an die elegante Mode, wenn ein Model mit einem weißen Hund im Fahrradkorb in ein Leben aufbricht, in dem Frauen ungefährdet, attraktiv und modisch gekleidet sind, bereit für einen Flirt mit den Männern. In anderen Artikeln vermittelte das Magazin Pariser Haute Couture anhand von Zeichnungen.

Lee sah sich inzwischen in Chartres und Orléans um und berichtete aus Brüssel, wo sie René Magritte besuchte und fotografierte. Von dort aus ging es im September weiter ins befreite Luxemburg, über dessen Leiden sie später in der englischen *Vogue* berichten sollte. Sie kehrte noch einmal nach Paris zurück, porträtierte im Oktober Marlene Dietrich, die Paris ebenso sehr liebte und die Nationalsozialisten ebenso sehr verachtete wie Lee und die ebenso wie Lee den Streitkräften beigetreten war. In Frankreich sollte Marlene General Patton und seine 3. Armee über Monate begleiten, dazu war sie Anfang Oktober in Paris eingetroffen und wohnte im Ritz-Carlton, das bis August Hauptquartier der Deutschen gewesen war. Lee Miller nahm sie zunächst im Uniformkostüm bei Schiaparelli auf, dann in einem fuchsiaroten Morgenmantel der italienischen Designerin in ihrer Hotelsuite. Marlene Dietrich lehnt an der großen Doppelflügeltür oder kauert auf dem Boden. Zart und zerbrechlich. Audrey Withers nahm ein Foto in ihre Dezember-Ausgabe auf.

Im Januar 1945 veröffentlichte die britische *Vogue* Lees durchaus ambivalentes »Gesamtbild der Befreiung«. »Da ist, alles in allem, die wunderschöne Farbe der Freiheit, doch da sind auch Trümmer und Zerstörung. Es gibt Probleme und Fehler, enttäuschte Hoffnungen und Versprechen.«

Ende des Monats begleitete Lee Miller die 83. Infanteriedivision ins Elsass, obwohl sie sich in keiner guten gesundheitlichen Verfassung befand. Sie fuhr im eigenen Jeep zwischen den Truppenteilen, den kleinen Scharmützeln und großen Einsätzen von Panzer und Artillerie, sah »dieses Säuregelb und Grau, wenn Granaten im Schnee explodieren«, die bleichen Gesichter der Nachrückenden und wurde für eine französische Ambulanzwagenfahrerin gehalten. Frauen waschen auf einem ihrer Fotos in einem vereisten Bach Wäsche für die alliierten Soldaten. Ein einsamer Deutscher steht im weißen Tarnanzug unter einem Schild mit der Aufschrift »Wir kapitulieren nie«. Zum ersten Mal fotografierte Lee Miller aus der Distanz Leichen von deutschen Soldaten.

Die amerikanische *Vogue* zog in ihrer Reportage am 1. Mai 1945, also kurz vor Kriegsende, das Foto zweier Nonnen mit Arbeitsschürzen über dem Habit im völlig mit Schutt angefüllten Altarraum einer Kirche über 1¼ Seiten. Die eine weint, die andere tröstet sie mit einer Geste. Da war er wieder, der weibliche Blick: »Alsace ... out of the German Prison« – »Elsass ... nicht mehr in deutscher Haft«. Die britische *Vogue* hatte im April getitelt: »Through the Alsace Campaign with War Correspondent Lee Miller« – »Durch den Elsass-Feldzug mit Kriegskorrespondent Lee Miller«.

Kriegsende
Deutschland, 1945

Lee Miller hatte sich inzwischen bei der US Air Force akkreditieren lassen, um ihr Foto- und Textmaterial per Luftfracht verschicken und sich frei bewegen zu können. Mit der Infanterie traf sie Anfang März 1945 in Deutschland ein, dem Land ihrer väterlichen Vorfahren. Wenn sie jetzt an einen Ort kam, waren, anders als zuvor in Frankreich, die Kampfhandlungen bereits beendet. Die Fotografin sah sich vor allem mit der deutschen Zivilbevölkerung konfrontiert, und daher trat das von der *Vogue* gewünschte Frauenthema wieder in den Vordergrund.

In Aachen, das von der US-Armee am 21. Oktober 1944 eingenommen worden war, durchquerten zwei Nonnen eiligen Schritts die zertrümmerte Stadt, und Lee Miller betätigte den Auslöser ihrer Kamera. Im Umland erregte eine Frau ihr Interesse, die im Garten Bettwäsche zum Bleichen ausbreitete wie im tiefsten Frieden. In Bad Nauheim fotografierte sie ein junges Paar mit Kinderwagen, ein Idyll ... nein, dem Mann fehlt ein Bein. In Ludwigshafen richtete sie ihren Blick auf Industrietrümmer, Fabriken und in starker Untersicht auf zwei befreite Zwangsarbeiterinnen vor der IG Farben. Sie haben weiße Kopftücher auf und lachen in die Kamera. Von all diesen Bildern kam keines zur Veröffentlichung.

Köln gehörte zu den am häufigsten bombardierten und am stärksten zerstörten Städten Deutschlands. Zum letzten Mal am 2. März, drei Tage bevor amerikanische Streitkräfte eintrafen. Pioniere der sich zurückziehenden Wehrmacht sprengten die Hohenzollernbrücke, die letzte intakte Kölner Rheinbrücke, und folgten damit Hitlers sogenanntem Nerobefehl, die komplette Infrastruktur vor dem Einmarsch der Alliierten zu zerstören. Am selben Tag rückten die US-Truppen ins Stadtzentrum vor. Vor dem Dom wurde ein deutscher Panzer in Brand geschossen, den auch Lee Miller als Motiv wählte.

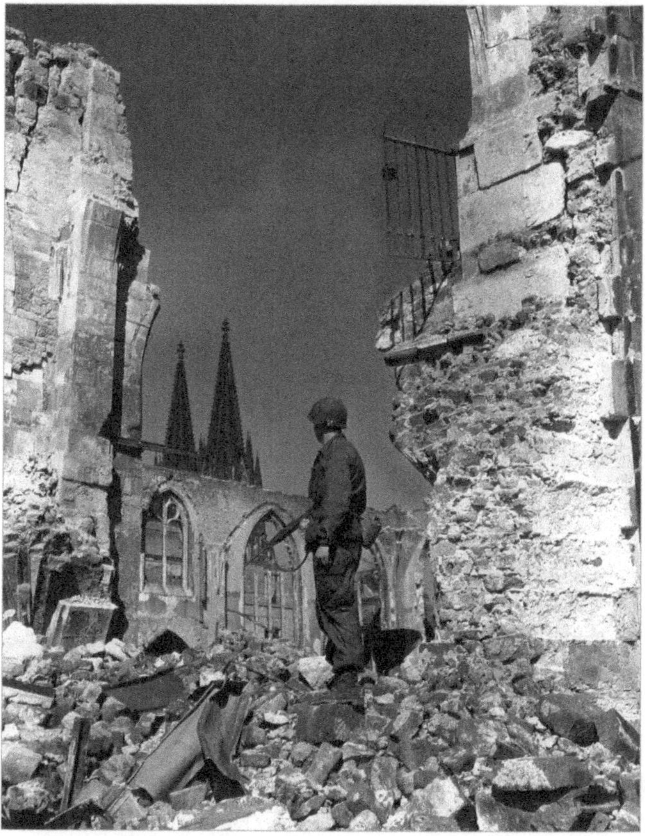

Die amerikanischen Truppen trafen Anfang März 1945 in Köln auf scheinbar menschenleere Ruinen

Ihre Aufnahmen zeigen außerdem menschenleere Straßen mit weißen Flaggen, einen nach Beutegut stöbernden GI, eine junge Frau in Männerkleidung, müde und erschöpft vor einem »Vernehmungs-Zimmer« der Gestapo. Schockierend das Foto eines toten jungen Flakhelfers mit Kindergesicht, dem die Hände von einer Explosion weggerissen worden waren. Die Aufnahme entstand aus großer Nähe. Die *Vogue* publizierte sie nicht.

Lee Miller nahm auch zwei junge Frauen auf einer Bank am Kaiser-Wilhelm-Ring auf. Die eine brünett, die andere blond. Die Brünette raucht. Beide tragen sie Hosen und warme Mäntel. Ihre Blicke schweifen über die Ruinen von Wohnhäusern, Fenster- und Schaufensterlöcher, Schuttberge, einen kahlen Baum. Die scheinbare Ruhe der beiden kontrastiert aufs Heftigste mit der Zerstörung um sie herum. Deutschland als surrealistische Albtraumlandschaft.

Lee Millers Beitrag in der amerikanischen Vogue vom 1. Mai 1945 titelte »Germany ... out of the German Prison«. Der ganzseitige Opener zeigt laut Bildunterschrift befreite Gefangene in Gebetshaltung in Köln vor einem Massengrab im Hof des ehemaligen Gestapo-Gefängnisses. Das »hübsche Mädchen« auf dem kleinen Porträt, informiert die Bildunterschrift, habe alliierte Soldaten vor dem Zugriff der Deutschen geschützt.

Auch die britische *Vogue* veröffentlichte im Mai 1945 eine Doppelseite mit Lees Eindrücken in Köln: »Last Leap – The Rhine«, »Letzter Schritt – der Rhein«. Die Bildausstattung spiegelt ihr Interesse an zerstörten

Gebäuden wider, seien es Kirchen, Industrieanlagen, Wohnhäuser oder Brücken. Das Standbild Kaiser Wilhelms scheint direkt auf den Kölner Dom zuzureiten, der, überwölbt von einem Metallbogen, zur Reliquie wird. Stacheldraht und ein Schild verbieten den Zugang. Miller machte auch zahlreiche Aufnahmen vom Dom, der für die Kölner zum Symbol ihres Überlebenswillens und ihrer Überlebenskraft geworden war. Sie widmete sich ebenso architektonischen Details wie dem Innern des Kirchenschiffs, auf dessen Boden noch der Schutt der Bombentreffer lag.

Mitte April kam Lee Miller in dem zu 70 Prozent zerstörten Frankfurt am Main an. Sie fotografierte Frauen im Gespräch am Mainufer. Eine junge Frau kocht für zwei junge Männer am Straßenrand. Die Szene gleicht sonnendurchflutet beinahe einem Picknick. Zwei Mädchen in weißen Kommunionkleidern haben zum ersten Mal in ihrem Leben an der Eucharistiefeier teilgenommen, Dorfjungen treiben eine Schar Gänse spielerisch vor sich her. Lee Miller suchte und fand Motive, die das Wiedererwachen einer deutschen Normalität zeigen oder zumindest suggerieren. Davon unterscheidet sich die Aufnahme einer Gruppe erschöpfter Flüchtlinge. Die meisten sind Frauen, sie lächeln der Fotografin tapfer zu. Seitlich steht ein Leiterwagen mit der ganzen Habe, die sie retten konnten. Eine von ihnen, alt und gebrechlich, sitzt, in einen warmen Mantel und ein Kopftuch gehüllt, auf dem Boden. Wo wird ihr Weg sie noch hinführen? Lee stellte diese Frage erneut und dringlich, als sie die alte Frau ein zweites Mal alleine mit dem Wagen aufnahm.

Am 16. April 1945 wurde Lee Miller im Konzentrationslager Buchenwald bei Weimar zur Zeitzeugin, die der Welt das Unfassbare mitteilen wollte und musste. Fünf Tage zuvor hatte Margaret Bourke-White die US-Armee bei der Befreiung des Lagers begleitet. Ihr Bild *Die lebenden Toten von Buchenwald* sollte in die Geschichte der Fotografie eingehen.

Bei Lee erreichen mehrere Fotos aufgeschichteter Leichen in der typischen Untersicht der Rolleiflex eine monumentale Wirkung, die Umgebung verschwindet im Dunkel. Sie zeigen aber nicht nur die Opfer, sondern auch den pietätlosen Umgang der Befreier mit ihnen. Voyeurismus und Krieg – Lee Miller konfrontiert jeden Betrachter damit.

Bei einer Aufnahme geht sie ganz nah an die Toten heran. Zerbrechliche Gliedmaßen, ausgemergelte Gesichter, starre Augen füllen das Bild komplett aus, überragen seinen Rand, übermitteln die schreckliche Botschaft: Das hier ist nur ein Detail, es geht – links und rechts vom gewählten Ausschnitt – immer so weiter.

Den überlebenden Häftlingen widmete Lee die meisten Bilder: Sie trauern, feiern, sind sich auch in den Schlafbaracken der Anwesenheit der Fotografin bewusst, nehmen ruhigen Blickkontakt zu ihr auf.

Entgegen ihrer sonstigen Diskretion fotografierte sie gefangen gesetzte Täter schonungslos: Zwei Aufseher, die Gesichter von Schlägen gezeichnet, knien, vom Blitz grell ausgeleuchtet, in ihrer Zelle auf dem Boden. Die Aufnahme wurde Teil einer Bildseite in ihrem Artikel für die amerikanische *Vogue*, veröffentlicht im Juni 1945: »Nazi Harvest« – »Nazi-Ernte«. Dort lautet die Bildunterschrift: »SS-Wächter, die Gefangene gequält haben, bitten auf Knien um Gnade«.

Leipzig war am 18. April von den Amerikanern eingenommen worden. Lee Miller traf einen Tag später in einer Stadt ein, in der mehr als eine Million Menschen lebten, unter ihnen viele Flüchtlinge und Displaced Persons. Sie fotografierte Frauen mit einem Handkarren vor Ruinen und vier tote deutsche Soldaten am Völkerschlachtdenkmal. Im Neuen Rathaus fand sie mit mehreren Kollegen am 20. April den Stellvertreter des Oberbürgermeisters, seine Frau und seine Tochter vor, die sich mit Zyanidkapseln das Leben genommen hatten. Während der Vater nach vorne auf seine Schreibtischplatte gesunken ist, liegen Mutter und Tochter nach hinten gelehnt in einem Sessel und auf einem Sofa. Die britische *Vogue* veröffentlichte keines ihrer Fotos zu den Leipziger Selbstmorden. Das Bild der gegen die gepolsterte Lehne gesunkenen jungen Frau erschien im Juni 1945 in Lees Fotoreportage »Nazi Harvest«. Die redaktionelle Bildunterschrift bezeichnet die »hübsche Tochter des Bürgermeisters« als Opfer der »Nazi-Philosophie«. *Life* hatte bereits am 14. Mai 1945 Fotos der Leipziger Selbstmorde von Margaret Bourke-White gezeigt.

Während der Konferenz von Jalta im Februar 1945 hatten die alliierten Staatschefs Franklin D. Roosevelt, Winston Churchill und Josef Stalin über die Aufteilung Deutschlands und die Machtverteilung in Europa nach Kriegsende gesprochen. Beim ersten offiziellen Treffen der US-Armee mit den sowjetischen Truppen in Torgau am 25. April zeigen Lees Fotos lachende sowjetische und amerikanische Soldaten auf einem offenen Lastwagen oder David Scherman, der mit einem sowjetischen Kollegen die Kameras vergleicht. Die Reportage erschien im Juni 1945 in der amerikanischen *Vogue*.

Am 30. April erreichten Lee Miller und David Scherman als zwei der ersten Fotografen und Journalisten das am Vortag befreite Konzentrationslager Dachau: Sie fanden Güterwaggons, in denen Häftlinge aus Buchenwald den Hungertod gestorben waren, oder solche mit den Leichen von SS-Männern. Ehemalige Wächter, die sich zum Teil in Häftlingskleidung ihrer Gefangennahme hatten entziehen wollen, blicken direkt in Lees Kamera. Sie fotografierte drei getötete Wächter seitlich einer Baracke, einen SS-Mann, der sich in einem Kanal ertränkt hatte.

In ihrem Telegramm an Audrey Withers steht: »Believe It.« Weiter konstatiert sie, die Bilder sprächen für sich, Text würde sie erst schreiben, wenn es verlangt würde. Lee wusste, ihre Bilder konfrontierten mit Unaussprechlichem.

Unvergesslich ein stilles Bild. Es zeigt vor einem niedrigen Horizont und unter wolkenverhangenem Himmel befreite Häftlinge, in Decken gehüllt, die zwischen Geröll und Lumpen nach Brauchbarem suchen. Einer, hoch aufgerichtet, blickt die Fotografin direkt an. Ja, mit einem Foto kann man ein Denkmal setzen.

Nach der Einnahme Münchens am 30. April 1945 saß ein alter Mann in seinem viel zu großen Mantel mit Pelzkragen einsam und verloren im Hofbräuhaus vor seinem Bierkrug, Menschen plünderten verlassene Häuser, amerikanische Soldaten feierten, und Lee Miller fotografierte. Sie und Scherman schlossen sich dem Kommandoposten in Adolf Hitlers Wohnung am Prinzregentenplatz an. Während die Soldaten am Esstisch Platz nahmen oder sich in sein Bett legten, setzte sich Lee Miller in Hitlers Badewanne. Auf dem Teppich davor stehen Armeestiefel, die deutliche Schmutzspuren hinterlassen haben. Auf dem Hocker daneben liegen ein paar Kleidungsstücke. Auf einem Sideboard steht die kleine Statue einer nackten Frau. Auch Lee Millers Schultern sind nackt, und sie wischt sich mit einem Waschlappen über ihre linke. Den Blick richtet sie fragend auf die Kamera. Links von ihr steht ein Porträtfoto Hitlers. Kein spontanes Bild, sondern eine wohlüberlegte Inszenierung mit einem Gesicht, das durch ihre Arbeit bei der *Vogue* inzwischen wieder ähnlich bekannt wie in den späten Zwanziger- und den frühen Dreißigerjahren geworden war. Dieses Gesicht nutzte sie nun für einen spektakulären Showdown, und David Scherman betätigte den Auslöser seiner Kamera. Das Ende eines Mythos, die Geschichte einer Eroberung, eine verstörende Mischung aus Macht und Verletzlichkeit, politischer Botschaft und Erotik. Ein Foto, das weltberühmt wurde.

Danach machten die beiden Fotografen sich auf den Weg zu Eva Brauns Haus. Lee sah sich bei der Frau, die nur fünf Jahre jünger gewesen war als sie, in aller Ruhe um, notierte deren Pflegeprodukte und Schminkutensilien und legte sich in Kleidung in deren Bett. Lees Fotos von Hitlers brennendem Berghof auf dem Obersalzberg in Berchtesgaden bestätigten das Ende des Kriegs ebenso wie der lange Zug deutscher Kriegsgefangener auf der Autobahn München–Salzburg, den sie aus großer Höhe von hinten ins Bild setzte. Deutschland kapitulierte am 8. Mai 1945.

Nachkriegszeit London, Salzburg, Wien, Budapest und Bukarest, 1945–1946

Nach der bedingungslosen Kapitulation reiste eine zutiefst aufgewühlte Lee im Auftrag der *Vogue* nach Dänemark, um im ehemals von Deutschland besetzten Land über das Erwachen der Mode und des täglichen Lebens zu berichten. Sie fotografierte Menschen auf den Straßen Kopenhagens, durch die auch die Königliche Garde marschiert, eine Fischverkäuferin lächelt, eine Modistin hält die *Vogue* ins ansonsten bis auf zwei Hüte leere Schaufenster, eine Hofdame sitzt neben einer Blumenrabatte in Amalienborg, zwei junge Mädchen tragen Kleider des Modelabels Carli Gry. Lee Miller sah sich auch einige Dörfer an, fand leise Motive, kam etwas zur Ruhe. Dann kehrte sie nach London zurück, wo die Redaktion sie für ihre erfolgreichen Kriegsreportagen umjubelte. Ein Filmteam und Fotografen besuchten sie und Penrose in seinem Haus. Beide trugen Uniform, zeigten sich locker und gelöst. Das erste Mal, seit sie ein Paar waren, stand Lee im Rampenlicht. Für sie war das nichts Neues, für ihn schon.

Jenseits solcher Inszenierungen für die Presse befand sich Lee nun in einer Welt größter Entbehrungen und strengster Sparmaßnahmen. Großbritannien behielt seine starke Militarisierung bei, hing von Darlehen und Zuschüssen der USA ab, musste seine zerbombten Städte wieder aufbauen, die Exportindustrie in Gang bringen. Die Labour Party versprach eine kontrollierte Wirtschaft, Vollbeschäftigung und Sozialleistungen und gewann die Wahlen am 5. Juli 1945 mit einem Erdrutschsieg. Ein Gezeitenwechsel, der dem Wahlkampfprogramm Winston Churchills mit einer Fortsetzung des Kriegs gegen Japan eine klare Absage erteilte.

Die Ausgabe der US-*Vogue* im Mai 1945 zeigte das futuristisch anmutende Foto einer Frau mit Helm: experimentell und modisch zugleich, ein Schatten, ein Auge und rot geschminkte Lippen, eine schöne Soldatin, fotografiert von Erwin Blumenfeld. Modefotografie als Kunst. Der Fotograf, der sich, als Jude 1897 in Berlin geboren, in Amsterdam mit von Dada inspirierten Collagen den Lebensunterhalt verdient und 1937 in Paris einen Kalbskopf auf den Torso einer klassischen Statue drapiert und das Ganze *Der Diktator* genannt hatte, begann 1938 für die französische *Vogue* zu arbeiten. Nach mehreren Internierungen gelang ihm mit seiner Familie 1941 die Flucht in die USA, wo er in New York u.a. für *Harper's Bazaar* arbeitete, ein Studio eröffnete. Symbolischer hätte ein künstlerisches Modefoto nicht sein können.

Die *Vogue* London platzierte im Juni 1945 in ihrer Siegesausgabe die Justitia auf dem Brunnen vor dem Frankfurter Römer unter dem Titel »Scales of Justice« – »Waagschalen der Gerechtigkeit«. Die große Deutschlandreportage von Lee Miller war überschrieben mit: »Germany – the war is won«, »Deutschland, der Krieg ist gewonnen«. Über dem Titel, den Rest der Seite ausfüllend, das Bild einer zerstörten Mainbrücke, im Vordergrund Hunderte Menschen, die auf eine Fähre warten. Im Hintergrund die Stadt und der Kaiserdom. Der Text führt zunächst Lee Millers Verdienste in der Kriegsfotografie und Kriegsreportage an. »Deutschland ist ein schönes Land«, beginnt dann ihr Bericht. »Alles wie bei richtigen Menschen. Aber das sind sie nicht. Sie sind der Feind. Dies ist Deutschland, und es ist Frühling.« Auf der rechten Seite zwei kleine Fotos, eines zeigt das Stahlgerüst der zerstörten Kuppel der neobarocken Frankfurter Festhalle, das zweite das zerschmetterte Gesicht einer Skulptur. Die folgende Doppelseite bringt in groß noch eine zerstörte Brücke, darüber drei kleine Abbildungen, u.a. die Leichen der KZ-Häftlinge in Buchenwald aus großer Nähe mit der Bildunterschrift: »Horror of the Concentration Camp: Unforgettable, Unforgivable« – »Die Gräuel des Konzentrationslagers: unvergesslich, unverzeihlich«. In der Verkleinerung schrumpft es aber zu einer Marginalie.

Am 15. Juli 1945 erschienen in der britischen *Vogue* Lee Millers Eindrücke aus Hitlers Münchner Wohnung und Eva Brauns Haus unter dem Titel »Hitleriana«, eingeleitet mit einem großen Foto des nächtlich brennenden Berghofs und neun kleinformatigen Fotos, darunter auch Lee Miller in der Badewanne.

Die amerikanische *Vogue* eröffnete ihre Siegesausgabe im Juni 1945 mit einem gezeichneten Cover: Die Hand eines Soldaten hält ein Gewehr, das von Blumen umkränzt ist. Links davon ein mit der Schreibmaschine getippter Text: »TO THE AMERICAN PEOPLE. Our sons, husbands and brothers …« – »An das amerikanische Volk. Unsere Söhne, Ehemänner und Brüder …«

Dem von Lee Miller am 25. April 1945 beobachteten Treffen in Torgau widmete die Zeitschrift zwei Doppelseiten und zwei seitenfüllende Fotos von siegesgewissen amerikanischen und russischen Militärs. Ihre zweite Reportage titelt: »Germans are like this« – »So sind die Deutschen«, und stellt Lee Millers Bildformulierungen einer erwachenden deutschen Normalität Fotos gegenüber, die sie in Buchenwald aufgenommen hatte. Die Mädchen in Kommunionkleidern, laut Bildunterschrift »wohlgenährte Kinder«, werden kontrastiert mit ehemaligen KZ-Häftlingen, die vor hoch aufgeschichteten Knochen stehen, eine Burg am Rhein mit den Krematorien. Der Textbeginn ist identisch mit dem in der Siegesausgabe der britischen *Vogue*: »Deutschland ist ein schönes Land, alles wie bei richtigen Menschen. Aber das sind sie nicht. Sie sind der Feind.«

Der dritte Beitrag von Lee Miller in diesem Heft heißt »Believe It. Lee Miller cables from Germany« – »Glauben Sie es. Lee Millers Depesche aus Deutschland«. Er räumte ihren Bildern aus Buchenwald einen noch prominenteren Platz ein. Links auf schwarzem Hintergrund aufgestapelte Leichen, auf der gegenüberliegenden Seite ein SS-Wächter, der sich an einem

Heizkörper erhängt hatte. Der Text zitiert Lee Millers Hoffnung, dass die Bilder gedruckt werden könnten.

Die anschließende vierte Doppelseite zieht ein Resümee: »NAZI HARVEST: Retribution overtakes the Germans: the people shamed, humilated; the country destroyed, and honour lost« – »Nazi-Ernte: Die Deutschen ereilt ihre Strafe: die Menschen beschämt, erniedrigt, das Land zerstört und ehrlos«. Hier finden sich die geschlagenen Wächter aus Buchenwald und die tote Krankenschwester aus dem Leipziger Rathaus. Als »homeless« werden zwischen den Ruinen Nürnbergs kochende Frauen bezeichnet. Auf dem größten der Fotos steht im Zentrum von Leipzig ein Mann mit einer Hakenkreuzbinde am Ärmel seines Mantels auf einem Karren. An seinem Hals hängt ein Schild, um ihn stapeln sich Säcke und Wannen mit Papieren. Zwei Zivilisten haben sich hinter der Deichsel des Karrens platziert und blicken in die Kamera. Hinter ihnen ein GI. Mit dieser Rügeaktion schließt die amerikanische *Vogue* ihre Berichterstattung über das Kriegsende in Deutschland ab. Die USA widmeten sich von nun an den Themen Entnazifizierung und Umerziehung.

Lees Stimmung wechselte in dieser Zeit zwischen Niedergeschlagenheit und Überschwang als Folge der monatelangen physischen und psychischen Überanstrengung. Sie nannte es »Schocksymptome«, hervorgerufen durch den Frieden, und bekämpfte sie mit Alkohol und Tabletten. Mit Roland Penrose, der es erneut mit der Malerei versuchen wollte, gestaltete sich das Zusammenleben schwierig, wie der Sohn schreibt:

»Er wollte ihr die Flügel stutzen und sie zu Hause behalten, sie weigerte sich, sesshaft zu werden.« Wie in ähnlichen Konfliktsituationen reiste Lee Ende August ab. In Paris traf sie David Scherman.

In der »neuen desillusionierenden Welt«, die sie als völlig amoralisch erlebte, schrieb sie Roland, könne sie sich nicht einrichten. Weder zu Paul und Nusch Éluard noch zu Picasso und Dora Maar sei ein Kontakt zustandegekommen. Wieder musste sie bezüglich eines Mannes eine Entscheidung treffen: »Sei es, dass ich hierbleibe oder dass ich geschlagen nach Hause komme.«

Warum geschlagen? Bezieht sich diese Formulierung auf eine mögliche Existenz in Paris – sie soll sich für die Gründung der Fotoagentur Magnum durch Robert Capa, Henri Cartier-Bresson und andere interessiert haben – oder die Neueröffnung eines Fotostudios in New York mit David Scherman, die sie sich angeblich wünschte? »Geschlagen« nach Hause kommen, also zu Roland, war auf jeden Fall die nachrangige Option. Er wusste es – seit Jahren, wie sie betonte.

Zunächst reiste sie weiter nach Salzburg, wo sich Scherman bereits aufhielt. Adolf Hitler hatte auf den ersten Seiten von *Mein Kampf* seine Forderung formuliert, »Deutschösterreich« müsse zurückkehren zum »großen deutschen Mutterlande«, und dies mit dem »Anschluss« im März 1938 erzwungen. Danach hatten auch die von Max Reinhardt mit ins Leben gerufenen Salzburger Festspiele ihr Gesicht im Sinne des Nationalsozialismus verändert. In der aktuellen Festspielzeit, mit dem *Jedermann* auf dem Programm, agierten wieder Künstler, die während der NS-Zeit unerwünscht gewesen waren oder Aufführungsverbot gehabt hatten. Lee begeisterte sich nicht nur für das vielsprachige Durcheinander der Soldaten, die als Gäste gekommen waren, sondern auch für die Musik, für Händels *Messias* und Mozarts *Entführung aus dem Serail.* Sie setzte die 1918 in der Nähe von Salzburg geborene Sängerin Rosl Schwaiger ins Bild, die in der Soubrettenrolle der Zofe Blonde auf der Bühne stand, vor Max Reinhardts ehemaligem Schloss Leopoldskron mit weit ausgebreiteten Armen und schräg gelegtem Kopf.

In der Viermächtestadt Wien hatte das Militär sämtliche Hotels beschlagnahmt, die Ernährungslage war schlecht, die medizinische Versorgung katastrophal. Lee besuchte Kinderkrankenhäuser, fotografierte ein sterbendes Baby, für das es mangels Medikamenten keine Rettung gab. An Audrey Withers schickte sie ein langes Telegramm, das dessen verzweifelten Todeskampf schilderte.

Die 26 Jahre alte Sopranistin Irmgard Seefried stellte sie in den Ruinen der Oper, im Gegenlicht, mit erhobenen Händen eine Arie aus *Madama Butterfly* singend. Es wirkt, als klagte sie über die Zerstörungen des Kriegs, das Leid der Welt. Diese Poetisierung einer Katastrophe erschien in der Novemberausgabe der britischen *Vogue.*

Als Audrey Withers Bemühung scheiterte, für sie ein Visum für Moskau zu erhalten, reiste Lee Miller schließlich nach langwierigen Vorbereitungen am

25. Oktober 1945 stattdessen nach Budapest. In einem Brief an einen unbekannten Freund wurde aus der strapaziösen Reise mit Schermans Chevrolet ein burlesker Abenteuertrip.

Die ungarische Hauptstadt war 1944 durch angloamerikanische Bomben stark zerstört und vom Dezember 1944 bis Februar 1945 von den Sowjets belagert worden. Eingeschlossene deutsche und ungarische Truppen hatten sämtliche Brücken über die Donau gesprengt. Eine provisorische Regierung der Nationalen Unabhängigkeitsfront hatte Deutschland am 31. Dezember 1944 den Krieg erklärt, am 20. Januar 1945 einen Waffenstillstand mit den Alliierten geschlossen. Lee Miller kam mit dem Auftrag, über »Damenmode nach der Belagerung« zu recherchieren. Sie wohnte in einem Nonnenkloster und arbeitete mit dem Sohn des ungarischen Fotografen Béla Halmi zusammen. Robert Halmi organisierte die Models und charakterisierte Lee später als »ausgezeichnete Fotografin«, die genau wusste, was sie tat. Außerdem sei sie absolut furchtlos gewesen, so furchtlos, dass die Russen sie für einen Mann gehalten hätten.

Lee fotografierte elegante Menschen im legendären Park Club und Aristokratinnen in Kaffeehaus-Szenen. Voller Bewunderung schrieb sie über Prinzessinnen, Baroninnen und Gräfinnen, die als Kellnerinnen und Geschirrspülerinnen arbeiteten, mit dem Fahrrad Selbstgebackenes auslieferten oder eine Möbelspedition gegründet hatten. Halmi zeigte ihr das Umland mit seinen niedrigen Bauernhäusern, den alten Frauen in kostbar bestickten Trachten. Lee wurde vorübergehend vom russischen Militär verhaftet, auch das in ihrem Text eher ein Jux als eine Gefahr. Sie fotografierte ungarndeutsche Flüchtlinge und die Exekution des ehemaligen Premierministers László Bárdossy am 10. Januar 1946.

Ein Höhepunkt ihrer Budapest-Fotos: zwei kleine Mädchen, die sich ohne Schuhe vor ihrer Kamera postierten. Vielleicht Schwestern. Die Kleinere versteckt sich mit ernstem Gesicht hinter der Größeren, die verschmitzt lächelt. Ihre Handbewegung lässt vermuten, dass sie ein paar Münzen wiegt, die Lee ihr für das Foto überlassen hat. Von ergreifender Allgemeingültigkeit auch das Bild einer alten schwarz gekleideten Frau mit einem geflochtenen Tragekorb voller Brennholz auf dem Rücken vor einer Trümmerkulisse. Mühevoll bückt sie sich nach einem dürren Ast.

»Es ist meine verdammte innere Unruhe, ich muss einfach unterwegs sein«, klagte Lee David Scherman und reiste mit einem *Life*-Journalisten weiter nach Rumänien. In Bukarest suchte und fand sie Harry Brauner wieder – Volkskundler und jüngerer Bruder des Surrealisten Viktor Brauner, mit dem sie bereits acht Jahre zuvor zu den Roma gereist war. In ihrem Text idealisiert sie Land und Leute, beschreibt eine weitere abenteuerliche Autofahrt, die mit einem Unfall und dem Verlust ihres Wagens endete, und wie sie ein Tanzbär von ihren Rückenbeschwerden befreite. Als sie in Sinaia, der ehemaligen Sommerresidenz, König Michael I. von Rumänien und seine Mutter fotografierte, fand sie sich wieder in die Welt der *Vogue* ein, sprach mit dem König über Autos und Fotografie und erkannte, dass die »straußeneigroßen Perlenohrringe« von Elena von Griechenland echt waren.

Ihr Sohn Antony bezeichnet Lee Millers Reise über den Balkan als »Flucht vor sich selbst«. Die endete mit einem Brief von Roland Penrose, in dem er schrieb, er habe eine andere Frau kennengelernt. Die damit in Aussicht gestellte endgültige Trennung veranlasste Lee, Bukarest sofort zu verlassen und sich auf den Weg nach Paris zu begeben, um im Hôtel Le Scribe ihre Sachen zu packen. Völlig erschöpft traf sie in London ein und versöhnte sich mit Roland. Im Mai 1946 erschien ihr mehrseitiger, bebilderter Artikel über Ungarn und Rumänien in der britischen *Vogue*. Damit war endlich auch für Lee Miller der Zweite Weltkrieg faktisch beendet.

Welches Resümee konnte sie ziehen? Sie hatte es als Quereinsteigerin über ein Modemagazin geschafft, nicht nur die Situation der Frauen in London, Paris und Deutschland mit ihren Fotos darzustellen, sondern in der Endphase des Kriegs auf sehr persönliche und emotionale Weise zu fotografieren und über ihre Eindrücke zu berichten. Sie hatte einen eigenen Blick *und* eine eigene Stimme entwickelt.

Lange Vorlaufzeiten bis zum Druck, eine Bildauswahl durch die Redaktion sowie redaktionelle Bildunterschriften hatten Einfluss auf das Leseerlebnis und die Wahrnehmung der Fotos genommen. Um ihren Bildern dauerhafte Wirkmächtigkeit zu sichern, hätte Lee sie nun selbst entwickeln und eventuell bearbeiten müssen, damit sie in Galerien und Museen präsentiert werden konnten. Und das betraf nicht nur ihre Fotos aus dem Zweiten Weltkrieg, sie hatte schließlich jahrelang als Porträtfotografin gearbeitet, Landschaften fotografiert und surrealistische Bildwelten komponiert, also ein komplexes Werk geschaffen.

Man Ray schrieb in seinen Lebenserinnerungen zu dieser typischen Nachkriegssituation der Künstler, dass ein großer Teil seiner Fotografien von Adrienne Fidelin zwar auf einen Dachboden gerettet worden war, er es aber in einer chaotischen Unordnung angetroffen habe, als er 1951 nach Frankreich kam. »Mehrere Tage brachte ich in der Dachkammer zu, sortierte und vernichtete Abzüge und Negative.« Gerade das aber tat Lee Miller nicht, sondern flog im Frühsommer 1946 mit Roland in die USA.

Die Frau an seiner Seite

Ehefrau, Mutter, Gutsherrin und Fotografin
East Sussex, London und Paris, 1946–1960

Roland und Lee reisten zunächst nach Poughkeepsie, dort sah sie nach über zehn Jahren ihre Eltern wieder. Die Lokalpresse fragte nach ihren Kriegserlebnissen, machte Fotos. In New York veranstaltete die *Vogue* ein Fest für ihre berühmte Mitarbeiterin. Dann machten die beiden sich auf den Weg zu alten Freunden. Zunächst flogen sie zu Max Ernst. Während der Vorbereitung zu Peggy Guggenheims Ausstellung *31 Women* im Jahr 1942 in New York hatte er die junge amerikanische Surrealistin Dorothea Tanning kennengelernt und Peggy Guggenheim, seine dritte Ehefrau, verlassen. Vor Kurzem hatten er und Dorothea eine Doppelhochzeit mit Man Ray und Juliet Browner feiern können, eine alte surrealistische Gewohnheit. Im Anschluss waren sie nach Sedona in die Wüste von Arizona gezogen und hatten begonnen, sich ein kleines Haus zu bauen.

Lee fotografiert das Paar in mehreren Serien. Zunächst in Dorotheas Atelier, mit einem Bild von ihr auf der Staffelei, dann im Freien: Max Ernst riesengroß, Dorothea winzig klein. Das hatte durchaus etwas Ironisches, ließ sich die akribisch altmeisterlich arbeitende Dorothea Tanning doch niemals in künstlerischer Hinsicht von Max Ernst beeinflussen. Zu viert vergnügten sie sich dann mit surrealistischen Performances – Lee als Wassergeist, Max Ernst mit einer Tiermaske auf dem Kopf. Max Ernst hatte Kontakt zu den Ureinwohnern, den Hopi, aufgenommen. Die Landschaft sah aus, als hätte der Künstler sie selbst entworfen: schroffe Felsen, magische Farben. Lee inszenierte ihn dann auch majestätisch wie einen Herrscher in dieser Umgebung.

In Los Angeles besuchte Lee ihren Bruder Erik und seine Frau. Man und Juliet Ray lebten immer noch in Hollywood. Man hatte das Kriegsende mit Breton und Duchamp in New York gefeiert und fühlte sich inzwischen heimisch in Kalifornien und malte. Lee fotografierte ihn und seine Frau häuslich beim Schachspiel, und sie vereinte die beiden wichtigsten Männer ihres Lebens auf einem Porträt. Drei Wochen lang hielten Lee und Roland sich an der Westküste auf, Lee porträtierte Hollywoodstars für die *Vogue*, die die Fotos nicht veröffentlichte. An einen Karriereneustart in den USA dachte sie offensichtlich nicht, sondern trat Ende September 1946 mit Roland ihren Rückflug nach London an. Während England 1946/47 den schlimmsten Winter seit Menschengedenken erlebte, die kriegsbedingten Rationierungen fortgesetzt und sogar auf Brot erweitert wurden, eröffnete in Paris am 12. Februar 1947 der bis dahin völlig unbekannte 42 Jahre alte Christian Dior in der Avenue Montaigne seinen in Weiß und Perlgrau gehaltenen Modesalon. Mannequins in traumhaften Cinderella-Gewändern gingen mit unbewegten Gesichtern und schnellem, hartem Schritt über den Laufsteg. Neunzigmal setzte Dior auf die Kurven des weiblichen Körpers: abfallende Schulter, schwellende Oberweiten, schmale Taillen, sanft geschwungene Linien und glockig gebauschte Röcke gaben der Mode ihre Konventionen mit Korsett, Handschuhen und Tausenden von Accessoires zurück, und Dior versprach, er würde die Haute Couture wieder groß machen. Traditionelle Mode, traditionelle Weiblichkeit. Der Krieg war zumindest in der Mode vergessen. Carmel Snow von *Harper's Bazaar* nannte das den »New Look«, und auch die *Vogue* begleitete Dior von der ersten Stunde an. Seine Idee von Mode löste weltweit Stürme der Begeisterung oder wütende Ablehnung aus.

In Großbritannien sollte die Rationierung von Kleidung bis 1949 andauern. Erst in diesem Sommer konnte Lee nach Sizilien reisen, um in einer romantischen Modestrecke mit aufwendigen Tages- und Abendkleidern vor herrlichen Landschaftsprospekten von der neuen Weiblichkeit zu erzählen, von der Sehnsucht nach einem »normalen« Leben mit dem Luxus von Ferien. In den Jahren davor hatte König George VI. seinen Töchtern Elizabeth und Margaret verboten, sich in Diors Prinzessinnenkleidern zu zeigen, da schon allein die Stoffverschwendung eine Provokation darstellte. Margaret trug erstmals an ihrem 21. Geburtstag 1951 eines seiner großen Abendkleider und ließ sich darin von Cecil Beaton fotografieren.

Im März 1947 beobachtete Lee für die *Vogue* die Schönen und Reichen auf den Skipisten und in den Après-Ski-Bars von St. Moritz mit der Kamera. Von dort schrieb sie Roland einen Brief, in dem sie ihn über ihre offensichtlich erwünschte Schwangerschaft informierte. »Bisher weder Groll noch Furcht, keine Sinnesänderung und keine Panik – nur mildes Erstaunen darüber, dass ich so glücklich bin.« Ihr 40. Geburtstag lag unmittelbar vor ihr, besorgt erkundigte sie sich, wie der Geliebte, der im Oktober seinen 47. feiern sollte, sich »bei der Aussicht auf Vaterschaft« fühle, dann fand sie sofort wieder zu dem für sie typischen leichten Ton zurück, erklärte, ihr Arbeitszimmer nicht zum Kinderzimmer umgestalten zu wollen, stattdessen vielleicht sein Atelier? Ohne es wissen zu können, sprach sie hier bereits den Konflikt ihrer nächsten Lebensjahre an, der sich um ihre beruflichen Ambitionen, ihre Anerkennung als Fotografin drehen sollte.

Zurück in London, ließ sie sich von Aziz Eloui Bey scheiden und heiratete am 3. Mai 1947 Penrose auf dem Standesamt in Hampstead. Fotos von Alexander Liberman, künstlerischer Direktor der amerikanischen *Vogue*, zeigen Lee im chinesischen Seidenkleid und Roland mit *First View*, seinem Gemälde der Schwangeren. Roland fotografierte sie kurz vor der Geburt verträumt im sommerlichen Garten eines neuen, größeren Hauses. Am 9. September 1947 kam Antony Penrose in einem Londoner Krankenhaus zur Welt. Lee sollte in den nächsten Jahren zärtliche und verspielte Fotos von ihrem kleinen Sohn machen, zum Beispiel mit einem Weihnachtshütchen für einen Bericht in der *Vogue*. Ihre Eltern schickten Lebensmittel und Babysachen. Im Frühjahr posierte Lee im Garten, mit dem Kleinen auf dem Schoß, oder im Inneren des Hauses: Das Kind fasst ihr ins Gesicht, und sie strahlt es an. Verschiedene Krankenschwestern und Nannys unterstützten sie bei seiner Versorgung.

Lee war nicht nur Mutter, sondern auch Ehefrau geworden und unterstützte nun ihren Mann bei seinen beruflichen Projekten. Bereits in den USA hatten sie alte Kontakte aufleben lassen und neue, wie den zum Direktor des MoMA, Alfred Barr, geknüpft. Die Surrealisten hatten sich noch einmal in Paris um Breton versammelt und eine Ausstellung durchgeführt. Auch Penrose wollte die London Gallery wiedereröffnen, was er auch tat, war aber außerdem an den Planungen eines Londoner Museums für Moderne Kunst beteiligt. Daraus entwickelte sich ein Plan für ein neues Projekt, The Institute of Contemporary Arts, mit einem Gebäude für eigene Ausstellungen. Der Schwerpunkt sollte auf zeitgenössischen Werken britischer Künstler liegen. Die erste von Penrose zusammengestellte Ausstellung – *Forty Years of Modern Art: 1907–1947. A Selection from British Collections* – eröffnete am 10. Februar 1948, dauerte bis zum 6. März und bot eine umfangreiche Retrospektive des Kubismus. Die nächste Präsentation sollte afrikanische Kunst den Werken von Picasso, Moore und Miró gegenüberstellen. Lee schrieb darüber im Januar-Heft der *Vogue*. Ihr erster großer Auftrag nach der Geburt ihres Kindes führte sie auf die Biennale in Venedig, präsentiert von Mai bis September 1948. Den griechischen Pavillon hatte Peggy Guggenheim kuratiert.

Im Sommer 1948 besuchten Theodore und Florence Miller ihre Tochter und den Enkelsohn, und Roland sah sich nach einem zweiten Wohnsitz auf dem Land um. Im Frühjahr 1949 kauften er und Lee Farley Farm, ein Gutshaus und 48 Hektar Weideland in dem Dorf Muddles Green in East Sussex. Bei der Sanierung des Hauses orientierte sich Penrose, der in seiner Jugend Kontakte zum Bloomsbury-Kreis gehabt hatte, an Charleston House, das von Vanessa Bell und Duncan Grant von der Bemalung der Wände bis hin zum Entwurf von Stoffmustern und Geschirr gestaltet worden war. Außerdem legten Lee und Roland einen großen Garten an, stellten Personal ein und versuchten sich an der Herstellung von Butter und Würsten. Antony Penrose betont, seine Mutter habe ihre ersten Ehejahre mit Roland als die glücklichsten ihres Lebens bezeichnet. Vielleicht packte sie deshalb ihre Vergangenheit in diverse Kisten und versuchte sie zu vergessen.

Während der 1923 geborene New Yorker Richard Avedon für *Harper's Bazaar* eine dynamische Modefotografie à la Martin Munkácsi fortsetzte, Willy Maiwald die Pariser Haute-Couture-Schauen dokumentierte und die aus Stuttgart stammende Regina Relang sich zu etablieren begann, fotografierte Lee Miller Mode für ein Leben auf dem Land mit wasserabweisenden Mänteln, praktischen Hüten, rüstigem Schuhwerk, Pullovern mit Schluppenbluse und gerade geschnittenen Röcken – wahlweise vor dem Pferdestall oder der Backsteinmauer.

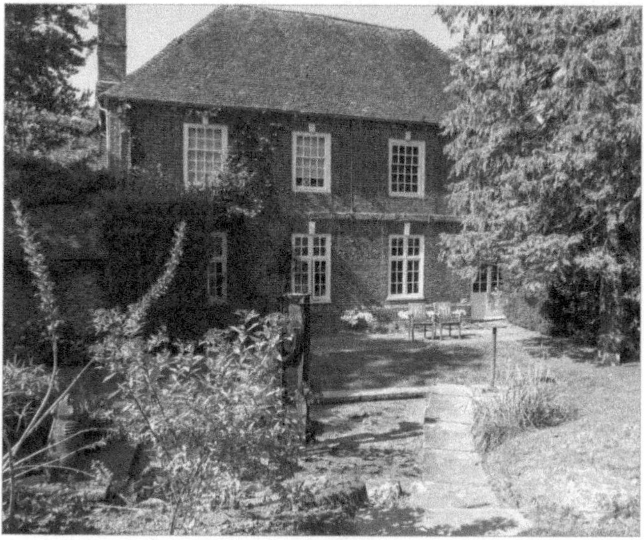

Das Georgianische Landhaus Farley Farm von Lee Miller und Roland Penrose gehört heute zu den Attraktionen Südenglands

Den Sommer 1949 verbrachten die Penroses bei Picasso und seiner Familie. Er lebte mit Françoise Gilot seit einem Jahr in einem provenzalischen Haus in Vallauris, La Galloise, und fertigte dort Keramiken. Auf Lees Fotos planscht ein stolzer Vater bei Golfe-Juan mit seinem kleinen Sohn Claude im Meer. Er hatte sich kaum verändert. Seit dem Ende des Kriegs war er im Aufwind, vor allem in den USA, nicht nur seine Malerei, auch seine Person stand im Zentrum des öffentlichen Interesses, und sein politisches Engagement machte ihn zu einer Person der Zeitgeschichte. Als er im Oktober 1950 den Weltfriedenskongress in Sheffield besuchte, schaute Picasso auf der Farley Farm vorbei. Er interessierte sich für die Tiere und widmete sich dem kleinen Antony. Eine Fotoserie von Lee dokumentiert die wachsende Freundschaft zwischen den beiden. Das Institute of Contemporary Arts feierte seinen siebzigsten Geburtstag am 25. Oktober 1951 mit einer Ausstellung von Zeichnungen und Aquarellen. Lee schrieb in der *Vogue* über den »großen alten Mann«, der er niemals werden würde.

Nicht nur weltberühmte Künstler, auch Mannequins in dicken Strickjacken und karierten Schottenröcken trafen auf der Farm zum Fotoshooting ein. Die Fotografin dirigierte sie aufs Feld oder sie genehmigten sich für die Kamera ein Bier im ortsansässigen Pub.

Lee lebte in dem typischen Chaos einer Frau in den mittleren Jahren, mit einem anspruchsvollen Ehemann, einem aufwendigen Haushalt und einem Kind. Um kreative Anregungen zu bekommen, musste sie nach London fahren, Gäste zu sich einladen oder in

Zeitschriften blättern. Zwei Haushalte erwiesen sich jedenfalls auf die Dauer als zu aufwendig, also verkauften sie und Roland das Haus in Hampstead, nahmen sich eine kleine Wohnung in Kensington, und Penrose schloss die London Gallery. Valentine wohnte inzwischen mit ihnen auf der Farm. Unter diesen Umständen hatte Lee nicht nur kein Interesse mehr, die Eleganz in der Modefotografie hervorzuheben, sie hatte auch kein Interesse mehr, sich selbst elegant zu inszenieren. Fotos zeigen sie in Breitcordhosen und unförmigen Westen.

Wo war die knisternde Erotik des Anfangs, die Frau mit dem makellosen Körper, dem perfekten Profil und dem archaischen Lächeln? Sie hatte sich hinter einer pragmatischen und etwas derben Person verborgen, einer Frau, in die Roland Penrose sich wohl niemals verliebt hätte. Auch für ihren Sohn bedeutete sie eine Enttäuschung, er hätte gern eine konventionelle Mutter gehabt, die mehr auf ihr Äußeres achtete und sich weniger mit ihrem Ehemann stritt, und litt unter ihrem Alkoholkonsum, ihrer emotionalen Abwesenheit. Dementsprechend orientierte er sich an seinem Vater.

Doch Lee Miller war immer noch eine Surrealistin, die es liebte zu provozieren, und sie hatte immer noch Humor. Beides waren gewiss unabdingbare Voraussetzungen dafür, dass Farley Farm sich zum Treffpunkt der internationalen Künstlerszene entwickelte. Neben Picasso, der ihr eine mit einem Gesicht bemalte Kachel für ihre Küche schenkte, kamen Man Ray, Henry Moore, Eileen Agar, Jean Dubuffet, Dorothea

Tanning und Max Ernst, die ab 1953 zunächst in Paris, zwei Jahre später auch in einem Haus an der Loire wohnten. Lee bekochte sie mit blauen Spaghetti oder Schwein am Spieß.

Für ihren Artikel für die *Vogue* im Jahr 1953 mit dem Titel »Working Guests« fotografierte sie ihre illustren Gäste »bei der Arbeit« in Haus und Garten. Sie malern, polstern, nähen Vorhänge, befreien alte Stühle vom Holzwurm, mörsern getrocknete Kräuter, ernten Kürbisse, rühren in Pfannen und ernten Gemüse. Lee selbst ließ sich von Roland schlafend auf dem Sofa ablichten. Eine Parodie auf die betonte Häuslichkeit ihrer Gegenwart.

Wenn sie jemand jenseits solcher Späße zu ihren früheren Fotos befragte, erklärte Lee, das seien bedeutungslose Arbeiten aus längst vergangenen Tagen. Vorschläge, ihrem Beruf wieder ernsthaft nachzugehen, wehrte sie kategorisch ab. Manchmal aber, abends, im vertraulichen Gespräch, zeigte sie einige ihrer Kriegsfotos und weinte.

1954 reisten Mr und Mrs Penrose zur Biennale nach Venedig und besuchten Picasso in Vallauris. Lee flog allein zur Goldhochzeit der Eltern nach Poughkeepsie. Im September starb ihre Mutter an Krebs, sie kümmerte sich um den Vater und kehrte erst im November auf die Farm zurück.

Roland hielt sich derweil häufig in Paris auf, wo er eine Stelle beim British Council als Director of Fine Arts angenommen hatte und seine Geliebte, die Trapezkünstlerin Diane Deriaz, traf, apart, blond, zwanzig Jahre jünger als Lee und Ex-Geliebte von Paul Éluard. Penrose ordnete nicht nur sein Liebesleben neu und machte einen neuen Karriereschritt, er hatte sich mit Farley Farm sein eigenes Reich geschaffen, wo er die Modalitäten des Lebens bestimmte, und er baute sich als Ausstellungskurator konsequent einen hervorragenden Ruf auf. Nun war es Lee, die sich an den Rand gedrängt fühlen musste. Wenn sie das Foto kannte, das Man Ray von Diane um 1958 aufnahm, als Halbakt mit über den Kopf gelegten Armen, ganz so, wie sie selbst ihm Anfang der Dreißigerjahre posiert hatte, musste sie sich sogar ersetzt fühlen, obwohl auch sie wieder viel Zeit in Paris verbrachte, der Stadt, in der einmal alles möglich geschienen hatte, jetzt aber als Gattin eines erfolgreichen Mannes, dessen Einladungen sie managte oder den sie zu Festen begleitete. Ihr Sohn meint, sie habe sich wie ein »Anhängsel« gefühlt. In ihrer Küche in Sussex rührte sie für Rolands Kamera allein oder mit Antony in leeren Töpfen. Auch wenn man die Aufnahmen lange betrachtet, kann man keinen Witz und keine Ironie darin erkennen. Nur Tristesse.

Einen Lichtblick gab es. Edward Steichen, der bereits 1949 mit der Ausstellung *Six Women Photographers* ein Signal für die Beachtung von Fotografinnen gesetzt hatte, besuchte 1955 Farley Farm. Er hatte ein Bild von Lee Miller in seine große Ausstellung *The Family of Man* im MoMA in New York aufgenommen, zu sehen von Januar bis Mai 1955. Die erste öffentliche Präsentation ihrer Arbeit seit 1941.

Wenig später bestimmte noch einmal Picasso Lees

Leben. 1956 zeigte das Institute of Contemporary Arts die Ausstellung *Picasso Himself*, Lee schrieb einen Artikel dazu für die *Vogue*. Und sie unterstützte Penrose bei seiner Arbeit für sein Picasso-Buch, auf den Rechercheereisen »kamen« sie »einander wieder näher«, wie der Sohn es formuliert. Im darauffolgenden Jahr nahm Lee eines ihrer seltenen Selbstporträts in Picassos Atelier in La Californie in Cannes auf. Sie sitzt in Hose und dunkler Strickjacke auf einem Stuhl, den Kopf in die Hände, die Ellenbogen auf die Oberschenkel gestützt, und blickt ruhig und zugleich forschend in die Kamera. Am 23. April war sie 50 Jahre alt geworden.

1958 erschien *Picasso. His Life and Work*. Penrose erwähnt Lee auf den 550 Seiten ganze zwei Mal: im Zusammenhang mit den Porträts, die Picasso von ihr 1937 in Mougins angefertigt hatte, und mit dem Treffen in Paris 1944.

Mit der Picasso-Ausstellung in der Tate Gallery London gelang ihm im Juli 1960 ein sensationeller Erfolg, heute als erster Blockbuster in der Kunst gefeiert. Lee hatte einen schwungvollen Text für die Broschüre aus Anlass der Vernissage verfasst. 1966 wurde Roland Penrose für seine Leistungen in den Ritterstand erhoben.

Picasso fotografierte Lee auch nach dem Erscheinen von Rolands Buch in seinen letzten Domizilen Schloss Vauvenargues bei Aix-en-Provence und Le Mas Notre Dame de Vie in Mougins: 1960, 1962, 1968. Er starb dort am 8. April 1973. Lee Miller hatte über tausend Mal die Kamera auf ihn gerichtet.

Köchin und Gastgeberin
Farley Farm, 1960–1977

Nachdem Roland seine Tätigkeit beim British Council in Paris 1960 beendet hatte, war Lee in Farley Farm im Dauereinsatz als großzügige und aufmerksame Gastgeberin für meist mehr als zehn Personen. Mochte »Swinging London« sich auch in einem wirtschaftlich wieder prosperierenden Land zum neuen, jungen Modezentrum der Welt entwickeln, es interessierte sie nicht mehr. Sie hatte die internationale Kochschule Le Cordon Bleu in London besucht, mit klassischen Werken zur Kochkunst eine solide Grundlage geschaffen und baute sich nun eine Bibliothek von 2000 Kochbüchern auf sowie ein Zeitschriftenarchiv und diverse Karteikartensammlungen. Am liebsten jedoch kreierte sie fantasievolle Gerichte wie »Muddles Green Chicken« und »Goldfish« oder Exotisches aus aller Herren Länder. Mit leichter Hand kombinierte sie »Cairo Cheese and Cucumber Salad« oder füllte Champignons und nannte sie »Penroses«.

Während ihr Ehemann und ihr Sohn die englische Küche bevorzugten, fand sie in Bettina McNulty, einer ehemaligen Mitarbeiterin der New Yorker *Vogue*, eine begeisterte Testesserin. Sie lernten sich 1961 in einem Restaurant kennen und wurden Freundinnen. Auch der englische Gourmetkoch James Beard ging bald in ihrer Küche ein und aus. Das Kochen betrachtete Lee inzwischen als ihre »Arbeit«, die sie auch zur Teilnahme an diversen Kochwettbewerben verpflichtete. Roland ließ ihr auf der Südseite des Hauses ein

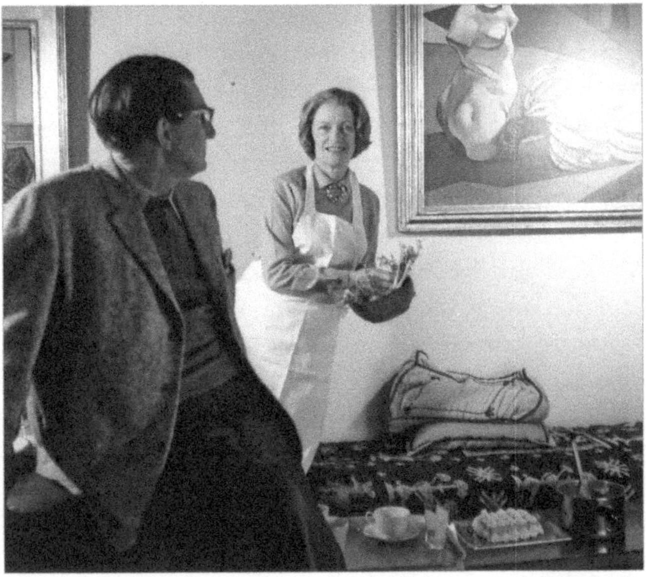

Sieht so das Glück aus?
Roland Penrose und Lee Miller, 1965 fotografiert von Cecil Beaton

Zimmer anbauen. Dort hörte Lee auch die von ihr geliebte klassische Musik. 1963 reiste sie mit Bettina nach Ägypten. Sie traf Aziz, der in Alexandria lebte, eine ehemalige Angestellte geheiratet hatte und ihr alt und müde erschien. Ihr Vater kam nun alle zwei Jahre für mehrere Monate nach Farley Farm. Lee und er im Rollstuhl bereisten gemeinsam Venedig und Rom. Theodore Miller starb im Mai 1971.

Die französische Kochbuchautorin Ninette Lyon schrieb Lee 1965 in der *Vogue* einen »zweiten Ruhm« als Köchin zu: »Lee and Roland Penrose. A second fame: Good Food«. Cecil Beaton fotografierte sie mit strenger Frisur, hochgeschlossener Bluse mit Brosche, weißer Schürze und einer Schüssel mit einer Fenchelknolle in Händen. Ihr unsicheres Lächeln gilt der Kamera: Mache ich auch alles richtig? Roland Penrose sitzt im Vordergrund des Bildes und wirft einen strengen Blick zu ihr.

Wo ist sie geblieben, die wunderschöne, coole, selbstbewusste Lee, die sich vor der Kamera eines Edward Steichen oder George Hoyningen-Huene spielend behauptete, die Man Ray mit ihrer Vielschichtigkeit faszinierte, die sich ungekünstelt und vertrauensvoll 1937 von Roland Penrose fotografieren ließ? Seine Fotos von ihr erzählen die gemeinsame Beziehungsgeschichte und Lees Entwicklung in Bildern: die erotische, lebensvolle Frau in Cornwall und Mougins, die Abenteurerin auf ihren Reisen durch Griechenland und Bulgarien, die verträumte Schwangere, die Mutter, die ihren kleinen Sohn herzt – diese Lee war einer ernsten Frau gewichen, die im schwarzen Pullover einen Maiskolben schält und den Fotografen dabei misstrauisch ansieht, einer Frau hinter Beerenkörben auf dem Küchentisch, einer Frau, die sich im biederen Hemdblusenkleid oder mit einem unsäglichen Schal in den Haaren bei Picasso einhängt. Lees Vitalität, die Roland Penrose anfangs so fasziniert hatte, war längst zur Pose geworden. Und aus Lee Miller eine Frau, die die Kamera fürchtete.

Ein Porträt von einer nachdenklichen Lee mit ihrer Hasselblad aus dem Jahr 1969 erschien mit einem Interview in der *Times*. Da war sie endlich wieder, die Fotografin. Nein, Lee erzählt, ihre eigentliche Leidenschaft sei das Kochen. Auch in der *Vogue* äußerte sich noch manchmal zu diesem Thema. 1972 schrieb Bettina McNulty eine neunseitige Homestory für *House and Garden*. Sie kam mit einem Fotografen nach Farley Farm, sie und Lee aßen im Freien, gerahmt von dem wunderbaren Garten.

Auf diesem Farmgelände sollte später auch der gemeinsame Sohn Antony leben, dessen Verhältnis zu seiner Mutter sich inzwischen gebessert hatte. Er brach im Oktober 1971 nach einem Studium der Ingenieurwissenschaften und Landwirtschaft zu einer mehrjährigen Weltreise auf. Drei Jahre später kehrte er mit einer jungen englischen Balletttänzerin zurück, die er in Neuseeland geheiratet hatte. Sie bekamen im April 1977 eine Tochter.

Auf gemeinsamen Reisen mit Roland fotografierte Lee kaum noch, sondern besuchte die Spitzenrestaurants ebenso wie die einfachen Garküchen.

1970 publizierte Penrose sein Buch über Joan Miró. 1974 folgte seine Man-Ray-Biografie, parallel zu der Ausstellung *Man Ray – Inventor – Painter – Poet* aus Anlass von Man Rays 85. Geburtstag, die zunächst im Cultural Center in New York eröffnet und dann im Institute of Contemporary Arts gezeigt wurde. Zu diesem Ereignis kamen Man und Juliet Ray nach London, er akzeptierte den Rollstuhl, den Lee für ihn organisiert hatte, und sie schob ihn durch die Ausstellung, vorbei auch an den vielen Bildern aus der Vergangenheit. Eine Aufnahme zeigt zwei alte Menschen, die sich tapfer anlächeln. Das Fotofestival in Arles ehrte im Juli 1976 Man Rays Lebenswerk. Am 18. November desselben Jahres starb er in Paris.

Lee nahm ihre Rolleiflex nur noch für vereinzelte Künstlerporträts in die Hand, die ihr unvermindertes Können zeigen. Anfragen von Museen beantwortete sie positiv, wenn diese Fotos zeigen wollten, die Steichen, Man Ray oder Hoyningen-Huene von ihr gemacht hatten. Dann begann sie, so erinnert sich ihr Sohn in seinem Buch, »wundervolle Geschichten aus jener Zeit und ihrem Leben zu erzählen«. Anfragen nach ihren eigenen Fotos lehnte sie strikt ab. Die Begründungen reichten von, es sei alles im Krieg verloren gegangen bis zu, es seien nur »ein paar Bilder« gewesen. Roland Penroses Kamera hatte sie sich Anfang der Siebzigerjahre noch einmal selbstbewusst gestellt, im buntgemusterten Kleid vor einer roten Tür. Sie hat die Arme vor dem Körper verschränkt und blickt ruhig über den Fotografen hinweg. Abgrenzung und Distanz.

Kurz nach Man Rays Tod vertraute Lee ihrer New Yorker Freundin Tanja Ramm an, dass sie soeben eine Krebsdiagnose erhalten hatte. Die Krankheit schritt sehr schnell voran. Im Sommer 1977 konnte sie das Bett nicht mehr verlassen. Am 21. Juli schloss sie für immer die Augen.

Quellen und weiterführende Literatur

Baring, Louise: Dora Maar. Paris in the Time of Man Ray, Jean Cocteau and Picasso. New York 2017

Beckmann, Anne-Marie u. Felicity Korn: Fotografinnen an der Front: Von Lee Miller bis Anja Niedringhaus. München 2019

Bessel, Richard: Lee Miller. Deutschland 1945. Bonn 2018

Blackman, Cally: Modezeichnungen. München 2009

Bouhassane, Ami: Lee Miller. A Life with Friends and Recipes. Lee Miller Archives Publishing 2020

Bouvet, Vincent u. Gérard Durozoi: Paris 1919–1939. Kunst, Leben & Kultur. Wien 2009

Braude, Mark: Kiki Man Ray. Kunst, Liebe und Rivalität im Paris der 20er Jahre. Berlin 2023

Bronfen, Elisabeth u. Daniel Kampa: Eine Amerikanerin in Hitlers Badewanne. Drei Frauen berichten über den Krieg: Margaret Bourke-White, Lee Miller und Martha Gellhorn. Hamburg 2015

Burke, Carolyn: Lee Miller. On Both Sides of the Camera. London 2006

Bußmann, Frédéric: Paris 1930. Fotografie der Avantgarde. Dresden 2020

Calvocoressi, Richard: Lee Miller. Begegnungen. Porträts einer großen Fotografin des 20. Jahrhunderts. Berlin 2004

Caws, Mary Ann: Dora Maar. Die Künstlerin an Picassos Seite. Frankfurt am Main 2002

Charles-Roux, Edmonde: Coco Chanel. Ein Leben. Frankfurt am Main 2016

Conekin, Becky: Lee Miller. Fotografin, Muse, Model. Zürich 2013

Dresler, Nastasja: Weiblichkeit als Muse für den männlichen Blick. Man Rays Aktfotografie, 2015. http://archiv.ub.uni-heidelberg.de/artdok/volltexte/2015/3477 [zuletzt abgerufen am 04.06.2023]

Ewing, William A.: Edward Steichen. In High Fashion. Seine Jahre bei Condé Nast 1923–1937. Ostfildern 2008

Filz, Walter u. Kerstin Stremmel: Köln im März 1945. Köln 2013

Gersh, Beth: Art Historian Wendy A. Grossman on Man Ray's Muse Adrienne Fidelin. https://bonjour paris.com/history [zuletzt abgerufen am 04.06.2023]

Groult, Benoîte: Leben will ich. München 1986

Katz, Gabriele: Fantastische Künstlerinnen. Von Frida Kahlo bis Unica Zürn. Berlin 2022

Koda, Harold: The Model as Muse: Embodying Fashion. www.metmuseum.org [zuletzt abgerufen am 04.06.2023]

Krieger, Verena: Metamorphosen der Liebe. Kunstwissenschaftliche Studien zu Eros und Geschlecht im Surrealismus. Berlin u. a. 2006

Lanfranconi, Claudia: Legendäre Gastgeberinnen und ihre Feste: Elsa Maxwell, Lee Miller, Frida Kahlo, Luisa Casati, Jacqueline Kennedy u. v. a. München 2012

Lang, Sabine: Studien zu Roland Penrose, dem Englischen Surrealismus und der Farley Farm als Künstlerhaus und Repräsentantin des künstlerischen Werkes. Tübingen, 2016. http://nbn-resolving.de/urn:nbn:de:bsz:21-dspace-695964 [zuletzt abgerufen am 04.06.2023]

Menzel-Ahr, Katharina: Lee Miller. Kriegskorrespondentin für Vogue; Fotografien aus Deutschland 1945. Marburg 2005
Minthe, Catherina: The Arab Models Changing the Face of the Industry, in: Vogue, Fashion, 10. April 2018. https://en.vogue.me [zuletzt abgerufen am 04.06.2023]
Morris, Desmond: Das Leben der Surrealisten. Zürich 2020
Moser, Walter u. Klaus Albrecht Schröder: Lee Miller. Ausst.-Kat. Albertina Wien, Ostfildern 2015
Muir, Robin: Lee Miller. Fashion in Wartime Britain. Lee Miller Archives Publishing 2022
Penrose, Antony: Das Haus der Surrealisten. Der Freundeskreis um Lee Miller und Roland Penrose. Berlin 2004
Ders.: Lee Millers War: Beyond D-Day. London 2005
Ders.: Der Junge, der Picasso biss. München 2010
Ders.: Surrealist Lee Miller. Lee Miller Archives Publishing 2020
Ders.: Immer lieber woanders hin. München 2023
Penrose, Roland: Pablo Picasso. Sein Leben – sein Werk. München 1981
Ray, Man: Selbstporträt: Eine illustrierte Autobiografie. München 1998
Ders.: Das fotografische Werk. München 1998
Roberts, Hilary: Lee Miller. A Woman's War. London 2015
Scharer, Whitney: Die Zeit des Lichts. Stuttgart 2019
Schirmer, Lothar (Hg.): Frauen sehen Frauen. München 2020
Sinclair, Charlotte: Vogue on Christian Dior. München 2013
Smith, Ian Hayden: Eine kurze Geschichte der Fotografie. Berlin 2018
https://www.leemiller.co.uk/ [zuletzt abgerufen am 04.06.2023]

Mein Dank

gehört einmal mehr Sascha Simon, die nicht nur ihren Autorinnen stets mit professionellem Weitblick und menschlicher Wärme begegnet, sondern der es mit diesen Eigenschaften auch gelingt, ein engagiertes Verlagsprogramm zu verwirklichen. Claudia Jürgens danke ich für ihren ebenso kompetenten wie einfühlsamen Umgang mit meinem Text im Lektorat. Birgit Cirksena hat ihn gesetzt. Danke!

– *Zum Weiterlesen* –

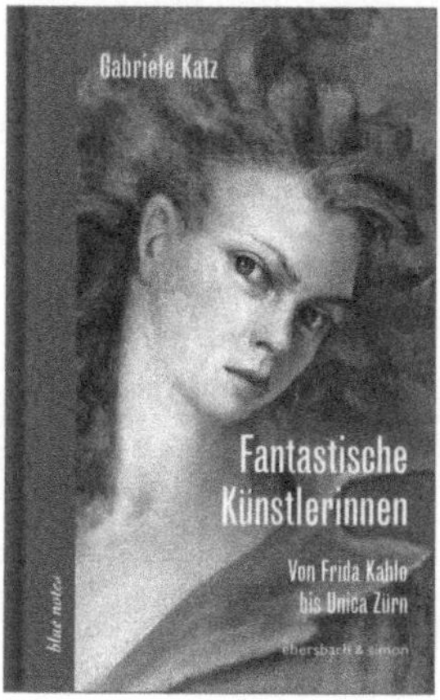

Gabriele Katz

Fantastische Künstlerinnen
Von Frida Kahlo bis
Unica Zürn

blue notes 102, 144 Seiten
Abb., Halbleinen
Fadenheftung
ISBN 978-3-86915-269-1

Fantastische Frauen! Gabriele Katz stellt elf surrealistische Künstlerinnen und ihre wichtigsten Werke vor. Dabei untersucht sie die Rolle, die diese Frauen bei der Etablierung der neuen Kunstrichtung gespielt haben. Neben weltberühmten Ikonen wie Frida Kahlo, Meret Oppenheim, Leonora Carrington und Elsa Schiaparelli gilt es so faszinierende Künstlerinnen wiederzuentdecken wie Eileen Agar, Claude Cahun, Leonor Fini, Dora Maar, Kay Sage, Toyen und Unica Zürn.

Bildnachweis:
Photograph of Lee Miller at Hotel Vaste Horizon, Mougins, France, September 1937. Eileen Agar. Tate, Presented to Tate Archive by Eileen Agar in 1989 and transferred from the photograph collection in 2012. © Tate, Photo: Tate: S. 74; Cecil Beaton, Vogue © Condé Nast: S. 134; © Carolyn Clarke/Alamy Stock Foto: S. 127; Arnold Genthe: Lee Miller, 1927, Victoria and Albert Museum, London: S. 24; © getty images/Branger/Kontributor: S. 19; © glasshouse images/Alamy Stock Foto: S. 10; © George Hoyningen-Huene Estate Archives AB: S. 35; Man Ray und Lee Miller, 1930, bpk/CNAC-MNAM/ © Man Ray 2015 Trust/VG Bild-Kunst, Bonn 2023: S. 48; © ullstein bild – glasshouse images: S. 29; © ullstein bild – Heritage Images/The Print Collector: S. 57; © ullstein bild – LEONE: S. 103; © ullstein bild – Photo12: S. 92; Unbekannter Fotograf, Pablo Picasso, 1962: S. 67; U.S. Army Center of Military History: S. 87.

1. Auflage 2023

Die Veröffentlichung dieses Werkes erfolgt auf Vermittlung von BookaBook, der Literarischen Agentur Elmar Klupsch, Stuttgart

Lektorat: Claudia Jürgens, Berlin
Umschlaggestaltung: Lisa Neuhalfen, moretypes, Berlin
Cover: Lee Miller, Coiffure by Calou, 7 August 1931 by George Hoyningen-Huene © George Hoyningen-Huene Estate Archives AB
Satz: Birgit Cirksena · Satzfein, Berlin
Druck und Bindung: GGP Media GmbH, Pößneck
ISBN 978-3-86915-291-2
www.ebersbach-simon.de

Gedruckt auf Papier aus nachhaltiger Forstwirtschaft
Printed in Germany